JN089749

「経営に生かす」易経

竹村亞希子
Takemura Akiko

致知出版社

経営に生かす易経

目次

第一章　易経に学ぶ人生の智慧　――中国古典としての易経

第二章　乾為天　天の法則 ——龍の物語に学ぶリーダーの条件

龍の物語

潜龍の時代　「確乎不抜の志を打ち立てる」

見龍の時代　「大人と出会い、基と型を身につける」

乾惕の時代　「反復継続し、独自の技を創造する」

第四章　「陰陽」の原理原則——冬の時代は積極的に備える

十二消長卦と兆し

「乾為天」から「坤為地」へ——陽から陰への消長

「坤為地」から「乾為天」へ——陰から陽への消長

龍の物語にみる陰の力

第五章　人生の智慧としての易経 ──天水訟　地水師　天雷无妄　風火家人　繫辞伝

「山沢損」と「風雷益」――損と益

易経にみる陰陽の智慧

装幀——フロッグキングスタジオ
編集協力——望月昇

第一章

易経に学ぶ人生の智慧

——中国古典としての易経

易経の智慧を人生や経営に応用する

◆易経は面白い

これまで古典としての易経は難解といわれ続けてきました。しかし本書では、易経がこれほどに面白く、誰にでも楽しく学べるものなのだということを知っていただくための、「易経　超入門講座」として紹介したいと思います。

私は二十代の初めにたまたま易経と巡り合いました。もともと占いの書と思っていたのですが、最初のページから読み始めると龍の話が出てきました。その龍の話を読み進めていくと、目の前に次々と成長し変化する龍の物語が、映像として浮かび現れてきたのです。その瞬間に「これは成功の条件だ」と心のうちに叫んでいました。同時にそこには失敗の条件も書かれていることをはっきりと見ることができました。

地に潜む龍が成長し天に昇り飛龍となって頂点を極め、やがて衰退していく物語は、古今東西を問わず歴史の栄枯盛衰に共通した姿を表しています。つまりこの龍の物語には、個人の、または会社や組織の、あるいは国家の栄枯盛衰について、どのような条件が揃うと勢いが盛んになって成功していくのか、そして大成功して非常に盛んな勢いの組織が、どのような条件を満たす時に衰退していくのかということが書かれていました。なんと興味深く面白い話なのだろうと思いました。それがきっかけで、私は易経にのめり込んでいきました。

易経を読み進めていくと難しい漢字がいっぱい出てきます。易経はとにかく約束事が複雑に絡み合うために、そのおかげで眠くなったり、混乱したり、意味がわからず、いろいろな解説書と格闘しているうちに嫌になって諦めてしまうことが多いのです。

しかし私が易経を読み続けることができたのは、龍の物語が焼き付いた感動的な映像があったからです。難しいことやわからないことがあっても、ゆっくりとさぼりながらも読み続けることができました。実はさぼりながら続けるのは大切なことです。

それからもうひとつ、易経はどこから読んでもいいのです。どこを読んでもいいし、それが一ページだけ、あるいは三行読むだけでも学びがあります。

◆易経の読み方

易経の読み方にはコツがあります。それは、易経には、さまざまな物語が喩え話として書かれていると意識して読んでみてください。テレビのドラマや映画のように、物語には必ずテーマがあり、起承転結(きしょうてんけつ)があります。それから大切なのは起承転結のカードを握る主人公が登場します。そして脇役も登場し、その脇役の中で重要な人物もいます。実はその登場人物たちの人間関係が、一つひとつの「時」を通して書かれているのが易経なのです。

易経は難しいと感じる人は多いのですが、じっくりとよく味わって楽しんで、易経の中で遊んでみると、登場人物の役割がおぼろげに見えてきます。そして今度は登場人物に自分を置きかえて読んでみると、その登場人物が何を考えているかがわかってきます。するとその人物の目的や、これから何をやろうとしているかまでもが、自在に手に取るがごとくわかるようになります。ここでは本書を通じて「時の変化の法則」というものを薄らぼんやりでもいいですから味わっていただくと、その意味がわかっていただけると思います。

易経に書かれている「時」に関して、すぐにすべてがわからなくても大丈夫です。たった一つでも身近な「時」の話として「そういうことか」とつかんでいただくと、それが自分にとって身近で得意な「時」になります。そのような「時」に遭遇した時には、たしか易経ではこんな登場人物がいたとか、生き生きと場面設定を思い出して、自分自身の状況や問題と摺り合わせて易経を読むことができるようになります。

つまり、易経を読む一番のコツは、自分自身の問題に引き寄せて、摺り合わせて味わってみることです。そして、わからないことはすっ飛ばしてください。無理にわかろうとしないことです。ここで無理にわかろうとすると続かなくなります。

とにかくさぼりながらでも、たったひとつ何か腑に落ちることがあったらそこからが出発です。そして読み続ければ、継続さえすれば必ずある時、「なんだ、このことか」というふうに腑に落ちるどころか、しっかりとその意味がまざまざと手に取るようにわかるようになります。これは間違いありません。

◆易経を読む楽しみ

実をいうと私の易経研究は独学です。決して漢籍の素養があったわけではなく、ものごころついた頃から本を読むのが大好きだったのです。易経は小さい時から知っていたわけではなく、いろいろな本を読んでいるうちに易経と巡り合っただけのことです。

易経がだんだんと好きになって楽しんで読み続けた時に、不思議と必要な解説書が手に入ってきました。それでもその解説書を夢中になって全部読みあさっていたわけではありません。時にはただ積んでおくとか、本棚に入れておくこともありました。手をつけなかった本もいっぱいあります。しかしある時、ふと腑に落ちたところから繙き始めると、今まで置いていたそれらの解説書に書かれているものすべてがつながってくるという体験をしてきました。

易経を勉強ではなく遊びのように楽しんで、継続して学んでほしいと思います。とにかくさぼりながらでも続け、いやになったら休み、また読み続けてください。継続するためには手元に易経を置くようにしてください。どうか飽きても捨てずに、古本屋に回さないでください。必ず後で役に立ちます。

◆帝王学としての易経

易経は帝王学のトップだといわれていますが、それはやはり王様の象徴でもある龍の物語があったからです。たとえば現代における王様（君子）の立場にあるのは、組織のトップ、あるいは企業の代表取締役ということにもなります。

ところで企業の代表権を持っている人は代表取締役ですが、その取締役はいったい誰を取り締まるのでしょう。実は、取締役とは企業活動を取り締まると同時に、取り締まられ役でもあります。要するに組織のトップとしての権力を持った人が好き勝手しないように取り締まられなければならないので、正確に言えば取り締まられ役でもあるのです。

昔の王様は今の代表権を持っている取締役よりも絶大な権力を持っていました。古代においては、王様は一人どころか百人ぐらいを殺そうと思ったら簡単に殺せるし、生かそうと思ったら簡単に生かすことができました。そういう絶大な権力を持った王様を野放しにしておいてよいのかと。

天地大自然の側から見た時、絶大な権力を持った王様を野放しにしていたら必ず国が滅びてしまうし、何よりも一般庶民、つまり民が苦しむことになります。

天下は王様だけのものではないというのが天地の法則なのです。したがって本来はある程度の能力と権力を与えられた王様の使命と役割は、世の中を循環させて民の幸福と繁栄をもたらすことにあります。だからこそ絶大な権力を持った王様は国を滅ぼさないように、天地の法則によって取り締まられなければならないのです。

◆天地の法則

天地の法則を見る時、まず天は地上に太陽の光と雨を降らせます。そして大地はそれをすべて受け取って、人間も動物も植物、樹木も、地上のあらゆる自然を生成化育させる元となります。すなわち天は太陽の光と雨を地に向かって発し、地はそれをすべて受け止めて生命を養い育てます。

天の恵みを受けた地があらゆる生命を生成化育することを易経では「化す」といいます。変化の「化」です。天地の法則によって変化を起こさせて、私たちや大自然、ありとあらゆるものを生み育て、発展させていきます。

国を治める王様には、この大自然の法則に倣い従って世の中を豊かに循環させる役割と使命があるのです。つまり王様に絶大な力を持たせたのは、その力を使ってこの世の中をより良く循環させるためであると易経は教えています。

したがって「王様も大自然の法則を学びなさい、学んで自分が果たさなくてはならない役割は何かを理解し、化してその本領を発揮しなさい」という教えが帝王学としての易経なのです。

しかしその王様が大自然の法則など知ったことではないと言って、強大な権力をほしいままにして自分の好き勝手をしたとすれば、民はもちろん苦しみますが、それだけではなく王様も必ず滅ぶと易経には書かれています。

そういう変化の法則が、いろいろなパターンがあって、それらが易経に喩え話として、あの手この手で書かれています。

易経は、もともとは王様に智慧をもたらすための書であったので、民はそれを見ることはできませんでした。そこで王様のためにあったこの易経の智慧を、私たちはこれから学ぶことで、私たちの人生や経営に応用してみようというわけです。

古典の学び方にも変遷がある

◆古典としての易経と「四書五経」の立場

古典の中で最も古い、これが易経です。そこで易経の経という字は「けい」とも読みます。この経という字はもともとが織物の縦糸という意味です。織物は、まず縦糸をピンと張って、そこに横糸を通して織っていきます。もしも縦糸がピンと張られていなかったら横糸は掛けられずグニャグニャになって織物は織れません。

それでこの縦糸をビシッと張ることを物事の筋道と見立てて、私たち人間にとっての一番大切な原点であり、根本的な原則、約束事ともいうことができます。

この根本的な原則が書物になると「経（けい）」とか「経書（けいしょ）」といいます。さらに経書という経がつく書物には約束事があり、聖人の書いたものを経としています。したがって四書五経の「五経」はすべて聖人の書いたものです。

その後、どれほど優れた人がどれほど優れた書物を書いたとしても「経」と名乗ることはできません。すべて「書」です。つまり聖人の書いた正しい筋道、正しい理（ことわり）、最も本質的な原理原則、それが「経」というものです。

◆四書と五経

五経は『易経』『書経（しょきょう）』『詩経（しきょう）』『礼記（らいき）』『春秋（しゅんじゅう）』の順番で成立しました。したがって五経の中で易経が最も古いものとなります。

四書五経とありますので、何か四書の方が古くて五経が新しいと誤解している人が多いのですが、四書は孔子以降のもので、五経は孔子以前のものです。

孔子は紀元前四七九年に亡くなっていますので、今からおおよそ二千五百年ぐらい前にはすでに五経は古典でした。孔子は晩年までかかって、昔から伝わっていた古典の中から人生や社会にとって重要であるものを整理しました。

そして四書は、『論語』『大学』『中庸』『孟子』ですが、孔子の言行録が記された『論語』が一番有名です。これは余談ですが、『論語』に書かれている孔子と弟子の対話は、実は孔子が五経の春秋を講義していた時のものでした。その講義が終わった後に、お茶を飲みながら話した孔子と弟子との会話が『論語』に書かれているのです。

それでは順番としては新しい四書が、どうして古い五経の上に名前がつけられているのかといえば、五経があまりにも古くて読めないということがあります。五経は古典中の古典であるために難解で読めないので、まずわかりやすい四書を学ぶことから始めて、それから五経を順番に読んでいけばいいだろうという話なのです。

孔子が、君子が学ぶべき人間学の書として選び、これだけは勉強しなさいと定めたのが五経です。そして四書はその後のものですが、五経があまりにも難しいというので、読みやすい四書から学んでから五経に移ろうということになり、つまり順番として四書五経という名前がついたのでした。

◆「四書五経」の内容について

易経の成り立ちについては後で詳しく述べたいと思いますが、五経のうち他の四つについても簡単にふれておくことにしましょう。

まず『書経』は『尚書』とも呼ばれますが、『書』といわれるのは『書経』のことを指しています。『書経』は政治の歴史などが記された中国最古の歴史書です。その内容は、堯や舜という伝説の時代から、夏、殷、周の王朝のそれぞれの帝王の徳を表した言行と政教の歴史をもって政治の理想が書かれています。

『詩経』は孔子が門人の教育のために選んだ詩をまとめたものです。中国最古の詩集であり、紀元前九世紀から七世紀までの三百五編が収められています。

『礼記』は戦国から前漢初期までの礼学や制度、慣例に関しての文献四十六種を整理して、四十九編としたものです。その中には『大学』と『中庸』の内容が一編ずつ入っており、後に四書に加えられました。

最後の『春秋』は、春秋時代の魯の国の歴史書です。魯の国は孔子が生まれた国であり、また、孔子が理想とした周王朝の制度をつくったとされる周公旦が封ぜられてできた国です。その魯の国に周公旦より六百年ぐらい後に孔子は生まれ、そして魯の国で死んでいます。

『春秋』には王様や諸侯の死亡記事、戦争・会盟など外交に関する記事、自然災害などの記事が書かれています。淡々と簡潔な年表風に書かれていますが、魯の国の話だけではなく、その時代のいろいろな国の外交や、どのように勢力を伸ばしていったかという話が記録されています。

孔子がこの『春秋』をつくるのにかかわったという説もあります。一見すると年表風に淡々とした筆致であるため、そこに思想は何も入っていないかのように見えます。しかし後世になって、孔子の思想がこの書き方の裏に隠されているのではないかと言われました。淡々としているように見える文章の中で、乱臣賊子には筆誅を加え、善人の善行は讃えており、これによって天下後世に道を示しているというのです。

そこで、孔子が淡々とした中に、厳しい批判をするその態度のことが「春秋の筆法」といわれるようになりました。文藝春秋社の春秋もここから名づけられています。

また別の意味で、小さな事件を取り上げて、それが大きな局面に影響を及ぼすという因果関係があるというように、間接的な原因を直接的な原因に結びつけるといった表現法も「春秋の筆法」といっています。

五経は四書よりも古くて大事なものであり、孔子の時代には、「五経を人間学として学びなさい」といわれていました。しかし五経は、当時の人にとってみても古くて難しく、読み解くことができませんでした。

そこで時代がもう少し下がると、孔子が直接かかわっている書物や、孔子の後継者とされる孟子の書物、つまり時代が比較的新しい四書をまず勉強して、それから五経を学ぶという順序が確立していくことになります。

五経は古い順番に並べていましたが、四書については一般的に『論語』『孟子』『大学』『中庸』の順に並べられています。ただし、これは馴染みのある順番というだけで、正式には『大学』から『中庸』、そして『論語』『孟子』の順に学ぶべきものとされていました。この並べ方は、字数が少ない順番となっています。つまり字数が少ない書から多い書へと学ぶ、というわけです。また『大学』の中には『小学』が含まれていますので、まず『大学』で学問のやり方を学ぶという意味もあったようです。

それが『論語』から『孟子』、そして『大学』『中庸』と並べられているのは、『中庸』には儒教の哲学が書かれており、一番難しいとされているためです。それで、最後に学ぶようになったといわれています。

それでは簡単に四書のそれぞれの内容を紹介しておきます。

『大学』は文字数が千七百五十三字しかありません。四百字詰め原稿用紙にして四枚ちょっとです。その内容には三綱領の「明明徳」「親民」「止於至善」、八条目としての、「格物」「致知」「誠意」「正心」「修身」「斉家」「治国」「平天下」が提示されています。ここには君子の国家や政治に対する志や、君子のあり方、そして学問論などが書かれています。

『論語』は、孔子が高弟との対話を、孔子の死後、弟子たちが記録しまとめた書物で、五百十二の短文が全二十編で構成されています。第一章の学而篇「学びて時に之を習ふ。亦説ばしからずや。朋有り、遠方より来たる。亦楽しからずや。人知らずして慍みず、亦君子ならずや」はあまりにも有名です。

『孟子』は、孔子の孫弟子ぐらいにあたり、孔子の後継者と考えられている孟子の言行が七編に記録されています。孟子は、五倫として「父子の親、君臣の義、夫婦の別、長幼の序、朋友の信」があり、人間の本性を性善説で把握しました。

『中庸』は、今述べた通りで、儒教の哲学が書かれています。『論語』には、「中庸の徳たるや、それ至れるかな」と孔子に賛嘆（さんたん）されたという記録があり、それから儒学の重要な哲学概念として大切にされてきました。

大昔は五経を学ぶことが学問であり、その後にできた四書は、五経を補う参考書のようなものでした。それが次第に四書から読むように変わってきたのは、前述したように五経があまりに古くて難しかったからです。そこでまず五経の前に四書を読むように学問の流れが大きく変化したために、四書五経という並びになったわけです。

さらに、その後また変化が起こってきます。

四書五経を基本的に整理したのは孔子でした。それで孔子という人間を学ぼうという機運が生まれてきたのは自然の流れでした。東洋の学問を学ぶ人にとって、孔子への尊崇（そんすう）の念を持つのは当たり前のことです。孔子はどんな人物で、どのような学び方をしたのか、その人生はどうだったのか、何を考えていたのだろうか、というように孔子の生涯を知りたいという気持ちが芽生えてきたわけです。

このように古典の学び方にもいろいろな変遷があって、今に至っているというのも興味深いところです。

易経は矛盾を内包する書物

◆易経の成立過程と三聖の伝説

ここで易経の成立の経緯について、真偽のほどは明らかではありませんが、伝承も含めて紹介しておきましょう。

『芸文志（げいもんし）』という漢の時代の歴史書に書かれている言葉に「易の道は深し。人は三聖を更（か）へ、世は三古を歴（へ）たり」とあります。

ここに記されている「人は三聖を更へ」とは、「三聖」が易経の成立にかかわっているということです。「三聖」とはいったい誰なのかというと、三聖の一番目は「伏羲（ふっき）」です。この人は、伏羲、神農（じんのう）、女媧（じょか）という伝説上の三皇（三皇五帝の）の一人です。この伏羲が易経の基本となる陰陽の組み合わせとしての八卦（はっか）と六十四卦を考案したとされています。

三聖の二番目は、周の「文王（ぶんのう）」と「周公旦」の二人です。紀元前一一〇〇年頃、文王は六十四卦の卦辞(かじ)、つまり卦（時）の示す意味を説明する文章をつくったと伝えられています。一方、爻辞(こうじ)という、卦を構成する六本の爻の示す意味を説明している文章があります。この爻辞をつくったのが、文王の息子である周公旦といわれています。周公旦は、紀元前一一〇〇年頃に兄である武王が殷の紂王(ちゅうおう)を討(う)って周王朝を建てたときに貢献したといわれています。この周公旦が文王とともに三聖の二番目に入れられています。

三番目の聖人は、さらに時代が下がって紀元前四七九年に亡くなった孔子です。周公旦の時代から約五百年後の春秋時代に生まれた孔子は、周の政治を安定させ、後に魯の建国者となった周公旦を理想の聖人と崇(あが)めていました。そして孔子は、常に周公旦のことを夢に見続けるほどに敬慕(けいぼ)していたと伝えられています。その孔子が最終的に易経を整理したとされています。

以上のように、易経をつくった三聖とは、伏羲、文王と周公旦、孔子とされています。人としては四人なのですが、文王と周公旦は同時代の人ということで、ひとくくりにして数えられています。

次に「世は三古を歴たり」とありますが、この「三古」というのは、上古、中古、下古を指しています。上古は伏羲の時代で、これはどのぐらい古いかわからないほどの昔です。そして紀元前一一〇〇年頃の周の文王と周公旦の時代が中古になり、下古は孔子の生きていた時代です。

易経の成立過程と時代の流れを見ると、孔子が生きていた紀元前五〇〇年頃を基点として見ても、文王たちの時代は紀元前一一〇〇年頃ではるか昔の古い時代です。その文王から見て、伏羲は伝説の人というのですから、実際にどれほど古い時代なのかわかりません。それほど古い時代に易経の原型ができあがったとされています。

◆君子占わず

本書は難解といわれる易経をわかりやすく解説することで、易経を読むためのきっかけづくりをするという役割があります。それで易経が面白いということになれば、易経をさらに学ぶことで深遠な易経の智慧にふれる契機としてもらえるかと思います。

易経を学びたいという人たちの多くは、専門的な本に挑戦して挫折してしまうという悩みがあるようです。しかし私の易経の勉強会に参加し、一連の著作を読んでいただいた方々から、「易経の面白さを知って、再び本格的に易経を学び始めることができた」というメールやお手紙をたくさん頂戴しています。その理由はたった一つです。易経の学びの愉(たの)しみを知ることによって、これまで放り出していた他の易経の本に対して、再び挑戦してみるとすらすらと読み進められるようになったということです。易経を楽しくわかりやすく学ぶことによって、難解な古典としての易経に挫折してきた多くの人がすらすらと読むことができるようになると思います。

易経はとても不思議な書物で、矛盾(むじゅん)を内包(ないほう)する書物でもあります。また、発祥は占いの書なのですが、そこには「時」の原理原則が書かれています。

すなわち易経には「時」の変化の法則が書かれていて、易経を読めば「時」はこのように変化していくということが書かれているわけです。

それでは「今どんな時なの？」という疑問が生じた時、易経をよくよく読めと言われても一朝一夕(いっちょういっせき)に読めるものではありません。

まずは易経の原理原則を学ばなければなりません。しかし、それは時間がかかり、とても面倒なことなので、手間をかけずに早く教えてほしいという人が占いをするのです。占えば自分の頭を使わなくても解決策が示されるので、簡単便利に次々と占いに頼ってしまうといった危険性を否定できません。

しかし一方では、易経を読んでいくと、「時の変化の法則が書かれているからこれを知りなさい」と言います。そうすれば「君子占わず」で、占わなくてもその時に何が起こっているのかという本質を「観（み）る力」ができると書かれています。

私はこれまで、一貫して「君子占わず」という立場で易経をお伝えしています。

もし易経をよく学んでいれば、その変化の法則、原理原則に照らし合わせて、自分がどの「時」にいるかを知り、その出処進退を自分で判断できるようになります。要するに占いに頼らなくても、易経に書かれている原理原則に照らし合わせて出処進退が判断できるというのが「君子占わず」です。

易経を学び始めて三年ぐらい経った人が、ある時「易経を学んできてすごくいいことがありました。怖いことがなくなったんです」と教えてくれました。これは素晴らしいことだと思います。

「なぜ怖いことがなくなったのか？」とその人に理由を聞いてみると、「怖いことなどいくらでもあります。しかし恐れることはありません」と凛(りん)として答えられました。

今起きている怖いと感じることは、「何によって起こっているのか、何をすればその問題がひどくなっていくのか、何をどうすればその問題の解決ができるのか、それら出処進退については易経の中に書いてある」と知ったので、怖いことではなくなったというわけです。

これこそ易経に示されている「時中(じちゅう)」というものです。時中については後から詳しく紹介しますが、「その時にぴったりのなすべき解決策」が示されています。

◆観る力を養う

繰り返しになりますが、易経を自分のことと照らし合わせてずっと読んでいくことが易経を学ぶコツです。まさに自分に引き寄せて読むことです。

これまでの自分の過去、自分の人生上で巡り合ったこと、体験したこと、その体験はきっと経験知として人生に生かされていることでしょう。それぞれの人生の中でいろいろな時があったはずです。

それに易経に書かれていることを引きつけて照らし合わせ、摺り合わせてみてください。会社の過去の苦しかった時、問題が起きていた時、その時がどのような経緯をたどったか、何が解決のためのきっかけになったか。そういったことと摺り合わせるのです。

そうすると浮かび上がって見えてくるものがあります。それは形あるものを見るというのではなく、目に見えないものを「観る」ことができるという意味です。実際に見ているつもりで見ていないものがいっぱいありますし、実はこの形あるものを見ることさえも私たちはしっかり見ていないのだと易経には書かれています。しかし易経は観る力をつけることの大切さを強調しています。

「見えないものを観る」「洞察力で観る」「心眼（しんがん）で観る」という言葉もあります。易経における観るとは、「察知する」という意味もあります。それは超能力ではありません。たとえば風は目に見えませんが感じるものです。風は目に見えなくても明らかに存在することはわかります。音が聞こえた時、音は見えませんが存在は誰もが知っています。

物事の本質を観る力を養うための一番の早道は、易経に書かれている原理原則を自分のものにすることです。あるいは易経を読む力をつけることです。易経には、どんな時に何をすれば物事が解決するかが簡単に書かれています。ただし、簡単に書かれているというのは簡単な表現で書かれているということです。しかも大昔の言葉であるために、本当に少ない文字数で表現されているので、読む力がつかないと読み取れません。

また、易経にはいろいろな約束事があります。その約束事のすべてを理解するのは何かと面倒なのですが、その中でも簡単な約束事をまず使えるようになることで観る力を磨くことができます。

要するに、何かが起きた時、詳しい時がわからなくても、それが「困った時」だとわかったら、困った時にどうすればいいかということが易経には書かれています。その時にはこうしなさいという易経の言葉を実行すれば問題は解決していきます。

これは抽象論に聞こえるかもしれませんが、後に具体的な例を詳細に提示しますのでご理解いただけると思います。

変化にも法則がある

◆「時」と「兆し」の専門書

易経は英語訳では「Book of changes」、直訳すると「変化の書」です。東西の数多くの古典の中にあって易経の一番の特徴といえば、「時」と「兆し」の専門書であるという点です。

この「時」とは、私たちが日常使っている「時間」とは別の概念です。易経の「時」は私たちの存在、「時」と「処」と「位」がすべて含まれています。言い換えれば、時は「天」であり、処は「地」であり、位は「人」にあたります。位とは地位だけをいうのではなく、存在しているすべてを指しています。

したがって易経の「時」は、時間、空間、私たちの存在、置かれている立場、人間関係などがすべて含まれているのです。

ところで易経を読むと時の変化の法則を知ることができて出処進退がわかるという話は、何かそれは魔法のように感じることがあるかもしれません。

そこで「易経には何が書かれているんですか、何も知らないから教えて」と言われた時には必ず次のように話をしています。「春夏秋冬が書かれています」と。

春夏秋冬とは、春は夏になり、夏は秋になり、秋は冬になる、そして冬の次に必ず春が来る。これを知らない人はいないと思います。

この春はこれまでの春とはまったく違う新しい春で、過去の春は二度と来ません。すべて春夏秋冬は、新しい春、新しい夏、新しい秋、新しい冬となります。「これはすごいことでしょう」と言っても、あまりに当たり前すぎて誰も感心してくれません。しかしこれこそ大自然の原理原則であり、易経にはこうした時の変化の法則が書かれているというのです。

それでは時はどのように変化するのでしょうか。

◆大自然の変化に学ぶ

古代の人たちは春夏秋冬という時の変化の法則を使ってきました。つまり春に種を蒔(ま)いて、やがて秋に実りを得ています。たとえば冬の雪の上や氷の上に種を蒔く人はいるでしょうか。決して蒔くことはしないでしょう。これは農業の経験のない人でもわかっていることです。しかし、これこそが易経がしめす原理原則だというのです。

実は易経に書かれている変化の法則は、その根拠を自然においています。

春に種を蒔いて夏に勢いよく成長します。雑草も一緒に成長しますが、成長しすぎると徒長します。徒長してしまったものが育てたい方をだめにする場合がありますから、つまんだり、抜いたり、伐採したりします。そうすると育てたいものが育ちます。そして秋になると実を結び収穫することができます。

易経はこの大自然の原理原則にならいなさいと教えています。太陽が東から昇り、西に沈みます。また月も東から昇って西に沈みます。太陽が昇り沈めば月が昇ります。このように日月、日月と循環していますが、これも原理原則です。

そして明るい時は元気に活動して、暗くなったら眠る。これが古代から変わらない原理原則です。古代から誰もがこのことを知っていました。

春夏秋冬という原理原則にすべての秘密があります。易経のたとえの中で一番わかりやすい原理原則が春夏秋冬という時の変化です。これをつかんだだけでも、人生におけるかなりの問題が解決するはずです。

◆易の三義

易という字には「変易」「不易」「易簡」の三つの意味があります。これを易の三義といいます。

【変易】

春夏秋冬は時々刻々と変化していきますが、春が突然に夏になるわけではありません。春は緩やかに窮まって夏になり、夏は緩やかに窮まって秋になり、秋は緩やかに窮まって冬になります。すべての物事は春夏秋冬と同じで、時々刻々と変化していきます。世の中で変化しないものは何ひとつない、これを変易といいます。

【不易】

大自然は春夏秋冬と変化していきますが、必ず冬の次に新しい春がやってきます。そして新しい夏、新しい秋、新しい冬と変化していきます。この変化の法則は変わらないので、これを不易といいます。

【易簡】

もしこの原理原則を私たちの人生や経営に応用したら、とても易(やさ)しく簡単であるといいます。実は易はとても易しいので、易簡といいます。一見すると難しく書かれているので難解と思ってしまうのですが、実際は原理原則は易しく、誰もが知っているものであったりします。

その原理原則をどのような時にどう使うかについて、その兆しについて易経には繰り返し執拗（しつよう）に書かれています。徹頭徹尾（てっとうてつび）、時の変化の法則、その原理原則が最初から最後まで書かれていることに感心してしまいます。

すべてのものは変わる、そしてその変わり方には一定不変の法則があって、その法則は変わらない。素直に世の中を、あるいは大自然を見れば、すべてのものが教えてくれています。何ひとつ隠してはいません。

もし私たちがその法則を素直に見て、素直にわかろうとしたら、それはとてもやさしいし、私たちの人生や経営や、その他さまざまなものに応用するのはシンプルで簡単だというのです。別の言葉でいえば、「よーく観れば、ちゃんと見えるんですよ」というような意味でもあります。

以上の三つの意味を、この「易」という一文字が表しているわけです。

変化することによって人間は成長していく

◆「時中」と「時流」

易経において非常に重んじる言葉の一つが「時中」です。これは「時に中（あた）る」、つまり「その時にぴったりの」という意味です。「中」とは、ほとんどの人が「偏（かたよ）らずにバランスがとれている」とか「穏やかな」とか「真ん中を示す」というように勘違いしています。ここに一本の棒がありますが、右端と左端の中間となる真ん中を示すのは、易経でいうところの「中」ではありません。

また、Aさんの意見とBさんの意見があって対立している時、AさんとBさんの意見の中間でお互いに妥協して問題解決をしていく折衷（せっちゅう）案という方法があります。これも易経でいうところの「中」ではありません。お互いに妥協しなければならない問題解決の方法は真の問題解決にならず、双方に不満が残ります。

易経の「中」とは、Aさんの意見とBさんの意見が対立した時、問題解決をするためにもっと高い次元での解決策をうちだすことです。易経では、その時にぴったりの解決策のことを「時中」といいます。

春には種を蒔くことが春の時の解決策であり、秋に収穫し刈り入れすることが秋の時の解決策です。冬の雪と氷に覆われた大地に種を蒔くのは問題を起こすことで、冬の時中ではありません。

つまり時中とは、その時にぴったりのことをするということです。時中でなければ、中途挫折し、問題が発生します。たとえば、春には春のことを、夏には夏のことを、秋には秋のことを、冬には冬のことをするという時中によって結果が得られるといいます。

易経は、もともと占いの書として発祥しましたから、吉と凶のことが書いてあります。吉は、たとえば春に種を蒔くということは通じる話なので吉です。したがって物事がすらすらと、障害なく通ります。それで夏に成長し、秋の刈り入れを得ることができ、実りを得ます。これが吉の意味です。

しかし、冬に氷や雪に覆われた大地の上に種を蒔くことは通じないので凶です。物事は通らずに必ず挫折します。どんなに立派な種を蒔いても結果は失います。これが凶の意味です。

時中とは、その時にぴったりの解決策です。真ん中ではなく、折衷ではありません。その時にぴったりの出処進退の判断をするためには、時中が解決策となります。

◆時流に乗るものは時流によって滅びる

時中によく似た言葉に時流があります。時流という現象はあるのですが、易経には「時流に乗るものは時流によって滅びる」と書かれています。

時流を追い求めるとは、いうなれば春夏秋冬の冬はいらないという考え方です。春に種を蒔いて夏に成長して秋に実りを得ると、その後しばらくは種も蒔けないし刈り入れもできません。

冬の時代をイメージしてみれば、地上はどのようになっているでしょうか。樹木は枯れて動物も活動していないし、花は咲かない、鳥はさえずらない。氷に包まれ、雪に閉ざされて、死の世界のような雰囲気です。すべての動きが止(や)んで、色彩がなくなってしまうといった風景が感じられるでしょう。

組織や企業にとっての冬の時代といえば、売り上げが伸びないとか、お金を投資したら死に金になってしまったとか、何をやっても不発だったりするといった時のことです。企業経営者も組織のリーダーも冬の時代はできるだけ避けたいと思い、一刻も早く脱したいと考えます。

しかし大自然は冬の時代に何をしているかというと、次の春に向けて土壌づくりをしているのです。冬の大地は目に見える状態では、その地表は雪や氷に閉ざされています。しかしその大地の奥底深くでは、また来る春に備えて、春に種が蒔けるように豊かな土壌づくりをしています。春が来て種を蒔いたら必ず成長して、秋の実りを得られるようにと準備をすることが冬の時代の意義なのです。

ちょうど私たちが夜にぐっすりと死んだように熟睡して、次の朝にさわやかに目覚めるように準備しているのと同じことです。

◆時中という解決策

企業と組織にとって売り上げが伸びないとか、成長ができず停滞しているように見える時、これは現象面にすぎません。大自然に倣（なら）うのであれば、目に見えないところで底力をつける時です。ちょうど大地が冬の時代に土壌づくりをするように、企業や組織もやがて春が来る時のために、種を蒔いても大丈夫な滋養（じよう）の高い豊かな土づくりをする時なのです。

そして冬の時代には、春が来た時にその豊かな土壌に蒔くための種を仕込みなさいといいます。つまり企業や組織が冬の時代にある時には、次に成長する事業の種を準備することが大切なのだという意味です。

これが冬になすべき時中、すなわち解決策となります。

しかし多くの人は春夏秋冬が大自然の摂理であると知っていても、実際には人生の冬はいやだ、企業活動には冬の時代はいらないと考えます。それで春、夏、秋で、すぐ次に春が来るのがよいと考えてしまうことから、おいしいとこ取りをするために時流に乗ろうとしてしまうのです。

「時流に乗るものは時流によって滅びる」とは、一時期は時流に乗ってもてはやされますが、やがて時代の流行り廃りに翻弄されて先細りとなり、やがては滅びてしまうということです。つまり、春が来ても冬の時代の準備ができていなければ、休養が取れていない荒れた土に種を蒔くことになり、それでは豊かな実りを得られません。

経営者や組織のリーダーで、問題が次々と起こる冬の時代を迎えた時、ジタバタと焦ってしまう人がいます。何かをしなければと焦れば焦るほどに問題は深刻になっていきます。そういう人は春から秋までは目で見える成果があるので安心していますが、そこに冬が到来するとギョッとしてジタバタすることになります。冬に種を蒔いてどうするのでしょうか。

春に種を蒔くのであって、決して冬に種を蒔いてはいけません。この春夏秋冬の原則を理解しただけで人生の大半の問題は解決できるようになります。

◆「萌し」と「兆し」

それでは「兆し」とはなんでしょうか。易経の中には二つの「きざし」、つまり「兆し」と「萌し」が書かれています。この二つの「きざし」は似ているようですがはっきりとした違いがあります。

「萌し」は、とてもわかりやすいもので、注意深く見ていれば大抵の人は気づきます。たとえば、春になる前に春の息吹（いぶき）を感じることがあります。外はまだ寒いけれど、木の芽がほんの少しほころんで色づいてきたような、たまに春を思わせるような一瞬の陽気があります。これが「萌し」です。萌しは現象として目に見えるし、形として見えるものです。

また一方の「兆し」とは、目に見える現象にとどまらず、目に見えない本質をも観ることにより、何が起こっているのか、これからどのように対応すべきかを察知することです。目に見えないものを観ることができなければ兆しを知ることはできません。

易経における「観」については後に詳細に紹介しますが、実は「観る」は「観(しめ)す」とも読みます。私たちが目に見えないものを観ることができるようになるのは、現象に顕れていないだけで、すべて観(しめ)されているからです。大自然は何ひとつ隠してはおらず、その本質は観る力があれば観ることができるという意味なのです。

易経の時の変化の法則を知れば、冬の次には必ず新しい春が来ると確信して希望を持つことができます。もしその変化の法則を知らなければ、冬を迎えて絶望するほかはありません。しかし冬の次には必ず新しい春がやってくるし、夜は必ず明けて朝になります。この法則を自分の人生に摺り合わせてみれば、苦しい現実の中にも希望を見出すことができるし、この時に何をすべきかが明らかになり、豊かな人生をつくり出すことができるでしょう。

時々刻々と変化していくこと、その全貌がおおよそ察することができるのではないかと思います。この察するとは観ることでもあります。すなわち、ありとあらゆることで観されているものから、中心的な原理原則をつかみ取って、これからどのように変化していくのかを読み取ることです。

企業の経営者や組織のリーダーをはじめ、長たる者、責任を負う者は、「物事の本質を観る力を養う」ようにと易経には書かれています。そして観る力を一番わかりやすく教えているのが春夏秋冬の原理原則です。この春夏秋冬という四季の変化は誰もが知っている当たり前のことですが、私たちは果たしてそれを人生や経営に生かしているでしょうか。

実は易経には当たり前のことしか書かれていません。だからこそ私たちは読むことができます。不思議なことは何ひとつ書かれていません。当たり前のことをもって、時はこのように変化していくのだと書かれているのです。

◆「時」について

易経における「時」とは、日時だけをいうのではなく、どこで何があったか、その時に誰がいて、どのような立場にあったか、それらすべてが総合されたものです。

易経では「時」のことを「卦(か)」と表現しています。昔から易占では「当たるも八卦(はっけ)、当たらぬも八卦」と言われたりしますが、本来、この「八卦」は正しくは「はっけ」でなく、「はっか」と読みます。易経は「時」が六十四種類の「卦」として書かれています。

最初の卦は「乾為天(けんいてん)」で龍の物語です。そして、易経の最後は「火水未済(かすいびせい)」という卦です。役所に行くと未済(みさい)箱と既済(きさい)箱があります。これから処理する書類は未済箱に入れ、すでに決済された書類は既済箱に入れます。実は、既済と未済は易経の卦の名前です。易経の最後は既済となってもおかしくないのですが、最後は未済です。処理した後でまた新しくやり直し、終わらずに続いていくという意味となります。

「易は窮まれば変じ、変ずれば通じ、通ずれば久し」という有名な言葉にあるように、易経が未済で終わるのは久しく変化しながら続いていくということです。

変化することによって人間は成長していきます。すべてのものが変化することによって伸びていきます。変化して久しく通じていくのですから、易経は初めがあって終わりがあるのではありません。久しく通じて循環していくのです。

ところで、済は川を渡る意味で、済という漢字には氵がありますが、水を表しています。既済とはすでに大きな川を渡り終えたという意味になります。特に中国では川の氾濫などがあり、川を渡るのは大きな冒険でもありました。したがって既済とは大きな冒険、あるいは大きな国に育て上げたという言い方もできます。

それから易経は既済の次に未済という卦で締めくくりました。未済とは大きな川を未だ渡らずという意味です。これは頂点にまでいけば、次には必ず衰えるというのです。盛んなものは必ず衰え、勢いのないものは必ず吹き返していきます。ちょうど新月が満月に向かい、満月は新月に向かうように変化し続けるという意味です。時々刻々と変化するその変化の法則、これが原理原則なのです。

吉の世界と凶の世界

◆吉と凶の分かれたるゆえん

易経の繫辞上伝には、次のように書かれています。

「吉凶とはその失得を言うなり。悔吝とはその小疵を言うなり。……吉凶を弁ずるものは辞に存し、悔吝を憂うるものは介に存し、震きて咎なきものは悔に存す」

これだけで吉と凶はどういうものか、吉と凶に分かたれるゆえんは何かを明確にいっています。

易経はもともと占いから発祥していますから、吉と凶という言葉の最も古い意味になります。「吉凶はその失得を言うなり」と書かれていて、凶は失う、吉は得ることだといいます。

春に種を蒔けば秋の実りを得ます。実りを得るとは結果を得ることですから、吉とは結果を得ることができるという意味になります。反対に凶は、冬の雪の上に種を蒔いても実らない、いい種でも腐ってしまいます。これが結果を失うという意味です。別の表現をすれば、「吉は通じる、亨る」「凶は通じない、亨らない」といえます。春に種を蒔くことは「通じる」ことだから、すらすらと亨る。秋に実りを得られる。冬の雪の上に種を蒔くのは「通じない」から亨らず、実らない。

易経でいう吉と凶とは、たったこれだけのことです。

では、その吉と凶の変わり目はどこにあるのでしょうか。

吉と凶は結果からすると正反対のものです。しかし、ある些細なトラブルが起きたとして、考えてみましょう。易経ではこの最初に起きたトラブルを凶とは見ません。それが吉となるか凶となるかは、このあとの姿勢によって決まるというのです。

繫辞上伝には「悔吝を憂うるものは介に存し」とあります。ここではっきりと「吉凶の分かれ目は介にあり、悔か吝かによる」と書かれています。つまり、「悔と吝」で吉凶の境目が決まるといっています。そして、この境目のことを「介」というのです。

易経では吉の世界と凶の世界はまったく違っていて、はっきりと分かれています。その吉凶の境目が「介（かい）」です。この介に田をつけると世界の界になり、吉と凶の世界が分かれていきます。介の字はもともと鎧（よろい）を意味していて、その鎧で外界と自分の世界とをはっきりと分ける境目ということになります。

あらためて「萌し」と「兆し」について確認してみましょう。兆しは、目に見える萌しとはちがって、現象に顕れるはるか以前にチラチラとまるで信号のように、合図のように起きてくる「報（し）らせ」のようなものです。それはいろいろな形で起きてきます。

◆後悔して改めると「吉」に向かう

企業活動にたとえてみれば、一本のクレームの電話があったとすると、これは一つの兆しなのです。その後の三、四回までのクレームの電話は吉でもなく凶でもありません。この段階ではまだ吉か凶かはわからず、易経にはそれは「小疵（しょうし）」と書かれていて、小さな傷にすぎないというのです。吉と凶を分けるのはクレームの電話があった際の、企業の姿勢、すなわち「悔か吝か」で決まるのです。

たとえば、材料の牛乳や卵の残り物を捨てるのはもったいないからといって、三日間ぐらい賞味期限を延ばし、その分の経費を節約して儲けようとする食品会社があったとします。そこに消費者から腹をこわしたというクレームの電話が来た時には、その原因はすでに企業側は知っていることで、これが公になったらクレームどころではなくスキャンダルになります。そのスキャンダルによって社会問題となり、企業倫理や企業体質が問われて老舗（しにせ）でさえも潰れてしまうかもしれません。

クレームもなく儲かっている間は不正をなかなか止めることができません。しかし観る力のある人は、数本のクレーム電話が来た時に原因に思い当たり、ゾッとして身体も心も震えます。しかし観る力のない人は「腹をこわしたといっても、死ぬわけではないのだから」と軽い判断をして、クレーム処理ばかりを指示するだけになってしまいます。

その兆しを観る力のある人は、クレームという天の声が恐ろしくなり、怯えて後悔します。それを易経では「悔（かい）」といいます。やってはいけないことをやってしまったという後悔は、このままでは会社が崩壊しかねないので、今までのやり方を改めようとすぐにシステムを変えるように動きます。

後悔して改めると「吉」に向かいます。しかしすぐに「吉」という結果が得られないところに難しさがあります。これまで不正で経費を節約していたものを改めるのですから、あらたな経費がかかってしまうし、新しくシステムを導入しようとすればその分の投資が必要になります。また社員の教育が必要ですし、その他にもいろいろと手を打たなければなりません。要するにお金がかかることが多いし、手間暇がかかります。すると今までの利益が減ってしまうことになるので、しばらくは吉に転じているとは見えにくい期間が続きます。

実はこれが膿（うみ）出しの期間です。今までの膿を全部出し切ると、「窮まれば変ず」となって企業の地道な努力が実り、変化し始めるのです。それが底力となり、「あの会社はよくなった」とか「味もサービスもよくなった」という声が聞かれるようになります。ゆるぎない信用を、従来よりも得ることになっていきます。

自動車でも時々リコール問題があります。リコールにはお金がかかりますが、それを惜しんで隠蔽（いんぺい）してしまうと、後々に大きな問題となって取り返しがつかないことにもなります。しかし誠実にリコールをすれば、もっと大きな信用が回復することになるでしょう。

とことん膿を出し切ると「窮まれば変ず」となり、ここから吉になっていきます。

◆クレームは天からのラブコール

さて、反対に凶の世界は「吝（りん）」によってもたらされます。「吝」は「吝嗇（りんしょく）」という言葉があるように「ケチ」「惜しむ」という意味です。簡単にいうと、後悔することをケチることとです。問題が起こってもこれを改めるのを惜しんでしまうのは、観る力がないし、なんとかなると自分を騙（だま）すのです。目の前の儲けがなくなるのを惜しんで、クレーム処理をするだけで済まそうとすれば、不正を隠蔽（いんぺい）することになります。

大自然はとても親切なので、何度も兆しを生じさせます。合図や信号の意味でクレームが来たり、軽い事故が起きたり、何度も兆しとしての現象が起こります。いち早くその兆しを察知することで問題を回避できるのですが、見逃していると一気に急激な変化に見舞われ大きな問題に発展していきます。吉と凶の境目は、後悔してすぐに改めるか、または吝により改めることをケチるかにあります。

観る力のある人は、兆しとしてのクレームや小さな出来事を察知すると、大自然が教えてくれる天地の法則から外れていたことに恐れおののき、すぐに改めることができます。

クレームや小さな傷や出来事は、鈍かった自分に対して天からのラブコールが発せられたようなものです。したがって観る力のある人からすると、お客様からのクレームこそはラブレターともいえるでしょう。

すぐに後悔して改めると、しばらくはマスコミに叩かれたり、騒がれたりして、まるで凶の世界にあるかのように見えますが、結果的に時間が経って、窮まれば吉に変じていきます。しかしクレーム処理をしながら改めることなくそのままにしておくと、しばらくの間は逆に儲かり続けます。これは一見、吉のように見えていますが、やがて窮まれば変じて、突然に問題が表面化して凶になると易経に書かれています。

私たちは時に、より良い環境に恵まれ、条件が揃った時に、まるで神様か天使ででもあるかのような本当に素晴らしいことを成し遂げることができます。しかし私たち人間は困ったことに、正しいと知って、正しいことをするとは限りません。悪い環境や条件が揃うと、これが人間なのかというくらいひどいことをしてしまいがちです。

私たち人間が、時と場合によって善いことも悪いことも行ってしまう存在であることを認めることなしに、易経を読むことはできません。日が当たって素晴らしい「陽」だけではなく、暗く哀しく辛い「陰」を同時に見据えること、そういう心構えができて初めて、易経の智慧を得ることができるのです。

誰でも明るく元気で笑顔でいられるのがよいと思います。しかし一転して、何か条件が突きつけられていて、とても苦しい状況に見舞われる時、誰もがとてつもなくひどいことをしてしまうかもしれません。

だからこそ易経は、時の変化の法則と、時中を知ることによって、冬の時代にあっても悪事をはたらかず、むしろ冬の時をよりよく生かすようにと教えているのです。

君子に学び、人生と社会の問題を解決する

◆君子は幾を見て作つ

成功をおさめるとは、秋の実りを収穫することですから、いかに冬に準備してきたかが問題になります。冬の時代に豊かな土壌づくりをすること、種を仕込むことが、次の秋の実りとなる成功の秘訣ということができるでしょう。

これは個人や企業でも同じです。雪と氷に閉ざされた大地を豊かにするために、未だ現象に顕れない段階で、見えないところでの底力をつけていく。それは企業における技術開発という、やがて春に蒔く種を仕込むことにもなります。このように冬の時代は学びがあり、研究を進め、技術を開発するという意味では恵まれた時であるともいえます。

パスツールは「幸運は用意された心のみに宿る」との名言を残しています。よき機会が来ても生かせないのは準備が足りないからだということです。

そこで易経には「君子は幾を見て作(た)つ」という言葉があります。この「幾」は兆し

という意味ですが、これに木ヘンを付けると「機」になります。また「言行は君子の枢機（すうき）なり」という言葉もあります。「機」とは、もともと仕掛けという意味があり、織物を織る織機を回転させる小さな軸をさしています。また扉を開閉するための小さな軸なども機といいます。この軸は全体を動かす基となるものです。

　この機は機械仕掛けの機でもあり、この機が合うと「機会」となりチャンスとなります。いうなれば、大きな機械の小さな軸ですから、これはツボに当たります。ほんのわずかなツボ、このツボを押すと人間の身体も経絡（けいらく）に気が通ります。滞っていた気が通るといっぺんに元気になります。

　企業や組織にも滞っていた気を通すと、今まで動かなかったプロジェクトが動き始めます。そして今まで滞っていた案件が動き出そうとした時、その機会が合う時、冬の時代に準備すべき土壌ができていない、あるいは種を仕込むことができていないとすれば、せっかくのチャンスをいたずらに失ってしまうことになります。

　先の「君子は幾を見て作（た）つ」という言葉ですが、私たちはどうしても、いつ何をすると決まってから必死になって準備することが多いようです。前々から準備していて企業に人と組織の底力があれば、いつ何をすると決まってからでも、短時間で対応できるでしょう。もしくは、いつ春が来てもいいように土壌をつくり、種を仕込んでいたとしたら、春が来た時に「君子は幾を見て作つ」ことができます。必要な時に必要に応じて動くことができます。

また、「君子は幾を見て作つ」というのは別の意味もあります。力がどんなにあったとしても、しがらみをつくってしまうと理想的な動きができないというのです。人間関係でいえば、上の人と交わることを上交といい、下の人と交わることを下交といいます。易経には「上と交りて諂わず」、「下と交りて瀆れず」と書かれています。下交して瀆れずとは、自分の優位な立場を利用して、無理を押しつけたり、変な交わり方をしたりする時は借りができるというのです。

たとえば散々借りをつくってしまうと、企業の発展にとって必要な技術や製品が別の会社にあったとしても、しがらみがあるために別の会社に依頼することができなくなってしまいます。これはよくあることで、そのしがらみが企業の発展を妨げてしまうことにもなりかねません。

易経を学んだ君子、つまり経営者や組織のリーダーは「上交して諂わず、下交して瀆れず」を肝に銘じておくべきです。そうすればチャンスを逃さず、まさに「幾を見て作つ」ことができることでしょう。

◆君子の徳を身につける

易経は帝王学であったと紹介したように、古代より君子が学ぶべき経書でした。君子は位のある人を指していますが、国家の責任を負い、その君子の一言やその判断が国家の栄枯盛衰を決めてしまう立場にありました。だからこそ易経を学び、民の安寧と国家の繁栄をもたらす君子の徳を身につけることが求められました。

君子に対して小人という表現がありますが、これは一般庶民という立場として理解してもらえればよいと思います。古代において小人は君子ではなく民、すなわち一般人ということです。あくまでも君子は位のある人で、小人は位のない人でした。

それでは現代においてはどうか。易経は自分が小人ではない特別な人間だと思いながら読むことができません。たとえば企業の社長は会社では君子ですが、家に帰って肩書が取れれば普通の人で一般人となります。したがって現代人はすべて小人であり、人間一般ととらえればよいと思います。そうすると易経には、そもそも人間とは何かについて書かれており、君子のことも小人のことも書かれているのです。

易経には、小人であればこういう問題を起こすし、小人であればこういう判断をするということが詳細に書かれています。しかし君子は小人のような問題を起こすのではなく、小人のような間違った判断をするのではなく、君子としてふさわしい判断をしなさいという問題解決策が書かれているのです。要するに企業や組織に対して責任があるならば、決して逃げてはいけないし、なすべきことをなしなさいといいます。易経にはその君子のやり方が時中として示されているのです。

その時に小人であればこうやって失敗する、こうやって滅びる、こうやって恥ずかしいことになるけれど、君子としての解決策はこうであると易経には明確に書かれています。だからこそ易経を読んで、君子の地位にある人は君子のやり方をしなさい。たとえ個人的に小人であったとしても、責任を預かっているのであれば君子のやり方を学び実践して責任を取りなさいというのです。

易経に書かれている原理原則を知ることで、君子のやり方を学ぶことができます。私たちは小人ではありますが、せっかく易経が私たちの目の前にあるのですから、君子のやり方を学んで、人生と社会の問題解決のために使いましょう。それができる時代にあるというのはとても恵まれていることです。

◆観る力を涵養する

私たちがなぜ「君子占わず」という立場で易経を学ぶのかといえば、占いをすると簡単便利に今の時と問題解決策を示してもらえるので、自分で考えることができなくなってしまうからです。

その占いが当たれば当たるほどに、こんなに便利だというので自分の頭を使わずに、その場の目先の問題解決に走るようになってしまいます。そうなると観る力と解決能力を身につけることができなくなり、困った時には占いをすればよいと思うようになっていきます。易経の卦を理解するために勉強するのはよいのですが、占いに頼ってしまうのは自分の判断力を失うという点では恐ろしいことです。

「君子占わず」という立場で易経を学ぶのは、いかにその誘惑に勝つか、自立心を養うかという話なのです。易経に書かれている原理原則をしっかりと学ぶという姿勢が何より大切であると思います。

◆陰と陽は一元論

自然を天と地に便宜（べんぎ）的に分けるとすれば、天が陽で地が陰になります。これは一般的に、天の父、母なる大地と形容されることからも、陽と陰の分け方として理解ができると思います。同様に、一日を昼と夜に分けたとしたら、陽が昼で陰が夜です。正と邪も陰陽に便宜的に分けたとしたら、正が陽で邪が陰です。善と悪も陰陽に分けたら、善が陽で悪が陰です。動くと止まるも陽は動く、陰は止まる。強弱も強が陽、弱が陰と分けることができます。

そうやって分けてみれば、陽は、「剛、大、日、暑、男、親」。陰は、「柔、小、月、寒、女、子」と見ることができます。

【陰】地　夜　悪　邪　止　弱　負　愚　柔　小　月　寒　女　子　−

【陽】天　昼　善　正　動　強　勝　賢　剛　大　日　暑　男　親　＋

あるモノに光が当たると、同時に影ができるように、陰と陽は変幻自在に現れてきます。たとえば人間の顔を見ても、鼻は山のように高く（陽）、目は山の麓（ふもと）にある湖のように低い（陰）と見ることができます。また身体では、お腹は前（陽）にあり、背中は後ろ（陰）にありますが、背骨は硬く（陽）、お腹はやわらかい（陰）というように見ることもでき、陰陽の分け方はアプローチによって変わってきます。

人間は男性と女性に分かれていますが、女性的な男性もいれば、男性的な女性も見受けられます。その性格においては、積極的、前向き、行動的な陽と、消極的、後ろ向き、内面的な陰という両方を持ち合わせていて、その陰陽の強さの度合いがその人のオリジナリティーを形成するということができます。

私は女性ですけれど性格は男性的な面が強いと言われることがあります。女友達には「男っぽいね」と言われるし、男友達にもそのように言われることがしばしばあります。そうすると私の場合、「陽が割と強い陰」というふうに見ることができます。私の中にはプラスもマイナスもあるわけです。

またとても女らしい女性もいます。その人たちは「陰の中の陰」「陰の強い陰」ということができるでしょう。それでも陽の部分がまったくない女性はいません。また男性においても同じように、すごく男らしい男性にもやさしさという陰があります。

陰陽の分け方というのはかなり便宜的で、陰と陽は常に変化します。陰が陽になり、陽が陰になります。ある時は陰、ある時は陽になります。ここには絶対的な陰、絶対的な陽も存在しません。陰と陽は実際には一つのものです。それが陰になったり陽になったりするだけです。陰陽は一つの存在であり、それこそが根源であり、出発点です。そこから出発して、陰の働きになったり、陽の働きになったりしていくという「一元論」なのです。

易経の概略を知る

◆八卦六十四卦について

易経では、この世界の大本を「太極」としています。太極とは、この世界の根源であり混沌としたエネルギーで、この太極の渾然一体とした世界を便宜的に陰と陽とに分けるところから、易経は発達してきました。

まず太極たる世界は陰と陽の二つに分けられました。そして陽を「⚊」で表し、陰を「⚋」で表しました。数字でいくと、奇数の一が陽で、偶数の二は陰になります。

陰と陽に分けてきましたが、物事というのはそんなに単純ではありません。たとえば強い弱いといっても、少し強い、少し弱いということもあります。そこでより強い陽を「陽の陽」、より弱い陽を「陽の陰」とし、より強い陰を「陰の陰」、より陽に近い陰を「陰の陽」としました。この四つの陰陽の組み合わせを「四象（ししょう）」といいます。

これで四種類の符号ができましたが、これでもまだ単純すぎるということで、さらに「陽の陽」の中でもさらに陽が強い「陽の陽の陽」、そしてやや陰に近い「陽の陽の陰」と分けます。さらに「陽の陰」の中でやや陽に近い「陽の陰の陽」、そしてやや陰に近い「陽の陰の陰」に分けました。同じように、「陰の陰の陰」と「陰の陰の陽」、そして「陰の陽の陽」と「陰の陽の陰」に分けることで、八種類の陰陽の組み合わせに分けました。

この八種類に分けたものが「八卦（はっか）」と呼ばれます。これに名前を振り当てたものが「乾（けん）・兌（だ）・離（り）・震（しん）・巽（そん）・坎（かん）・艮（ごん）・坤（こん）」という卦名です（七十七頁八卦太極図参照）。そして今度はその八卦にそれぞれの卦のシンボルとして、自然の中から「天・沢・火・雷・風・水・山・地」を配当しました。

たとえば、八卦にある「坎」は「水」を象徴しています。

坎という字は土が欠けると書き、地面が欠けたら穴があくという意味があります。たとえば人が穴に落ちてしまったら、そこからはい上がるために四苦八苦します。なんとか逃げようともがいて、やっと上がったと思ったらまた穴に落ちてしまうというように、困難に困難が重なるイメージです。それで坎とは「難」を表します。苦しみ、艱難辛苦（かんなんしんく）という意味が坎の卦にあります。

また「坎」が示す水について見てみると、実に古代中国は水害に翻弄（ほんろう）される歴史でした。古代中国では、水を治めるものは天下国家を治めるといわれてきました。その水といえば大きな川です。大きな川は、大川（たいせん）と書きます。易経には「大川を渡る」という言葉が頻繁（ひんぱん）に出てきます。「大川を渡るに利（よ）ろし」といったら、「その困難を乗り越えて大事業を興していいですよ」という意味となり、「大川を渡るに利ろしからず」ならば、「苦労と危険がともなうから大事は控えなさい」という意味として読み取るわけです。

このように卦の一つひとつに意味があります。

その意味が八卦太極図に示されている性質です。

さて、この八種類だけでもある程度の様子はわかるのですが、さらに細かいところまで観ることができるようにと、八卦を二つ重ね合わせて二段にしました。八卦をそれぞれに組み合わせることで六十四卦（ろくじゅうしか）になりました。

六十四卦早見表に表されているように、上卦（じょうか）と下卦（かか）と分かれています。下卦は下にある三本の爻、上卦は上にある三本の爻をいいます。

この六十四種類の卦の一つひとつはドラマのテーマと舞台設定のようなものです。その「時」にいろいろな問題が起こり、たくさんの登場人物によって、その問題をめぐって場面が進行していきます。その変化していく姿が、一本一本の「爻」によって表されています。

この六十四卦にはそれぞれ名前がありますが、これは急いで覚える必要はありません。専門家であればもちろん覚えなければ話になりませんが、すぐに覚えなくても易経の本文は読むことはできます。

◆卦名について

ここで「卦」の名前がどのように成り立っているかについて一応説明しておきます。

「乾為天（けんいてん）」という卦は、六十四卦早見表でいうと、右上にあります。この卦は上卦が乾、下卦も乾、自然配当は天になっています。乾為天とは「乾を天と為す」という、そのままの意味です。これが名前のつけ方の一つのパターンです。

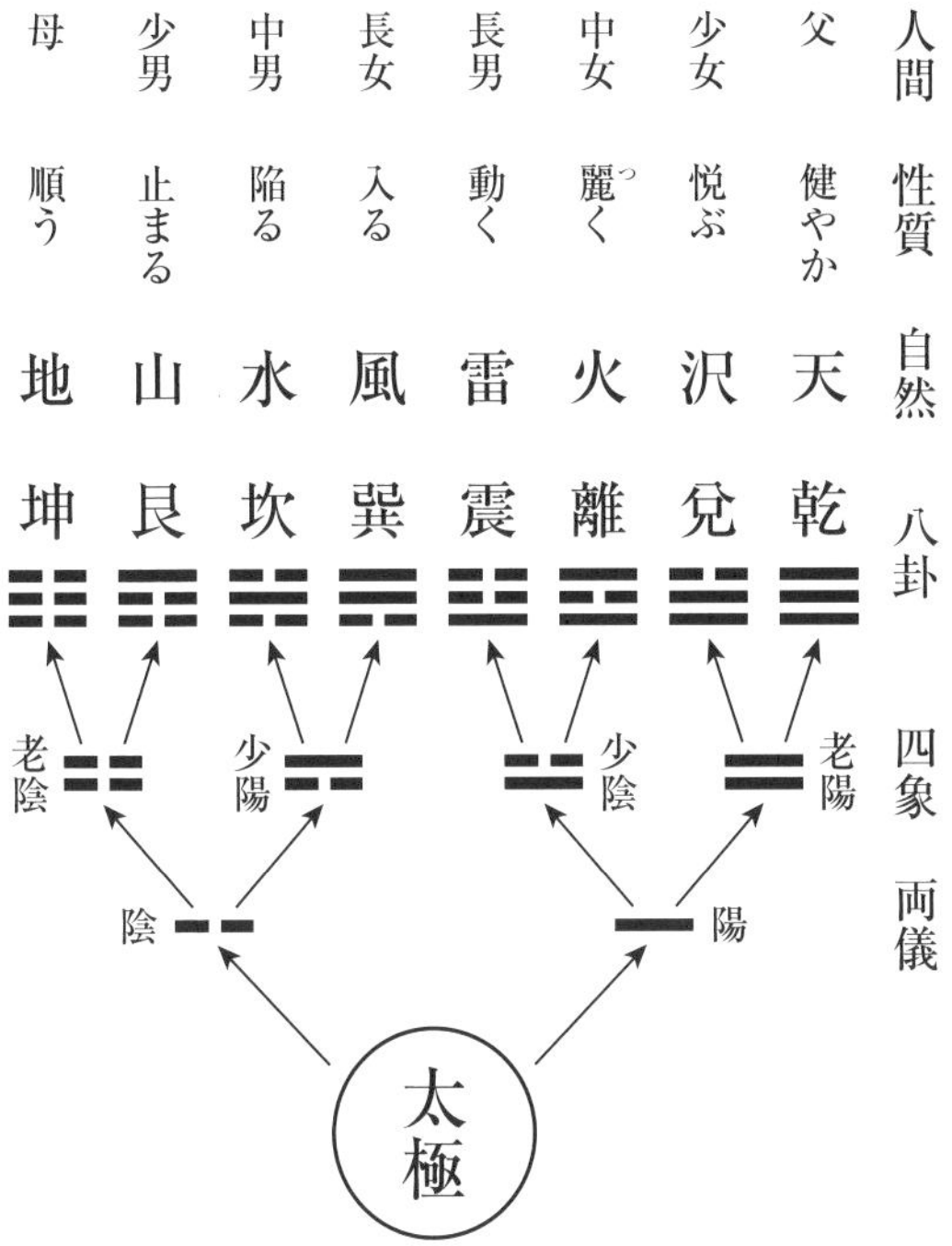

人間	性質	自然	八卦
父	健やか	天	乾
少女	悦ぶ	沢	兌
中女	麗（つ）く	火	離
長男	動く	雷	震
長女	入る	風	巽
中男	陥る	水	坎
少男	止まる	山	艮
母	順う	地	坤

四象　老陽　少陰　少陽　老陰

両儀　陽　陰

太極

乾為天のように上卦と下卦が同じものは八種類あります。六十四卦早見表で乾為天から斜めに左下へ向けておりていくところを見ると、兌為沢（だいたく）、離為火（りいか）、震為雷（しんいらい）、巽為風（そんいふう）、坎為水（かんいすい）、艮為山（ごんいさん）、坤為地（こんいち）と書いてあります。これらの卦はすべて乾為天と同様に「○を×となす」という意味で、たとえば、「兌を沢となす」「離を火となす」という名前の付け方になっています。

上も下も同じ卦を重ねたこの八種類が「八純の卦」といわれます。つまり、八つの純粋の卦ということです。

この八種類以外の五十六種類の卦は、「乾・兌・離・震・巽・坎・艮・坤」という名前を使わず、自然を配当した「天・沢・火・雷・風・水・山・地」の名前が上卦にも下卦にもつきます。たとえば、乾と兌の組み合わせは、乾の天と兌の沢となり、「天沢履（てんたくり）」と表されます。

つまり、八種類の純粋の卦以外はすべて自然を配当した名前の組み合わせによって表されています。

◆卦辞と爻辞

易経の卦は、その卦の示す時の全体像を説く「卦辞（かじ）」と、その時の変化の成り行きを六段階で説く「爻辞（こうじ）」によって成り立っています。

卦辞は一つの卦を全体的に説明している文章で、この時、この環境、この立場にあって、どうするべきかという対処法を示しているものです。

爻辞は、時の変遷過程や地位、人間関係など、また変化を見ます。「爻」は「交わる」と同じ意味で、変化を表します。

この六本の一本一本を「爻」といいます。また、爻辞には「初九」「九二」「九三」といった言葉が出てきます。

まず「九」は、この爻が「陽」であることを表しています。そして爻が「陰」の時は「六（りく）」と表しています。

「爻」は六本あるので、一番下から初爻（しょこう）、二爻、三爻、四爻、五爻、上爻ともいいます。一番下は一爻とはいわず、初めての爻だから初爻といいます。そして一番上は六爻ではなく、上爻（じょうこう）といいます。

そして、爻が陽である時は、爻の代わりに「九」として「初九」「九二」「九三」のように表します。爻が陰であれば「九」でなく「六」がついて、「初六」「六二」「六三」として表します。

これは一つの約束事で、特別覚える必要もありませんが、念のために紹介しました。

◆本経と十翼

易経には六十四卦、六十四種類のことを、「本経」の六十四卦といい、それぞれの卦に卦辞と爻辞があります。

また、易経には「十翼」があります。十翼とは、彖伝二編、象伝二編、文言伝二編、繋辞伝二編、説卦伝、序卦伝、雑卦伝から成っています。

これは読んで字の如く、「鳥の翼」のようなもので、易経の本経「六十四卦、卦辞と爻辞」が鳥の本体であって、十翼というのは十の翼です。

鳥の翼が本体を飛ばすことができるように、易経を読み解く助けになるための解説文が十あるということです。この十翼はずっと後の時代、春秋から宋の間にできたといわれています。

十翼の中に、彖伝、象伝、文言伝、繋辞伝、説卦伝、序卦伝、雑卦伝がありますが、最初の「彖」は「材料」のことで、「断ずる」という意味もあります。要するに「断ずるための材料」です。

「象」と書いてあるのは形です。形を読み取るという意味で、その形は有形無形両方あります。

「文言伝」の「文」は「あや」という字です。美しい言葉で解説された文章で、これは乾為天と坤為地の二つの卦の解説が書かれています。文言伝はこの二つの卦だけを解説しています。

「繋辞伝」は、易経を世界的な哲学書として、一級の思想書といわれるまでに高めたものです。

「序卦伝」は、乾為天、坤為地から始まり、水火既済（すいかきせい）、火水未済で終わる六十四卦の順番を意味づけしたものです。その内容から、序卦伝と雑卦伝は最後にできたものではないかといわれています。

以上述べてきたことは、易経の概略的な知識なので、こういうものなのだと知っておいてください。

陰と陽を別々のものと考えない

◆一陰一陽これを道という

易経の中には「一陰一陽これを道と謂（い）う」という言葉があります。

陰と陽のどちらかが強くなれば、どちらかが弱くなります。これを「消長（しょうちょう）」といいます。消長して循環していくのです。

陰が伸びて力をつけていく時代もあります。そういう時代には、陽はあまり活躍できません。陰が伸びて力をつけていく時代というのは、天下国家でいうなら小人が増えて、君子が力を発揮できない時代です。それを陰陽にたとえると、「陰が伸びて力をつけていって陽は活躍できない」という表現が成り立ちます。

この世の中はすべて変化します。変化しないものは何ひとつありません。すべて変化していくので、陰も陽も固定されることはありません。陰が窮まれば陽になり、陽が窮まれば陰となります。

陰と陽は補完し合い、互いに生かし合う関係性でもあります。時には対立する場合もありますが、基本的には、助け合う、生かし合う、調和を保つという関係です。

それぞれの人生の過去を振り返ってみた時、物事がうまくいった時は、陽の勢いが盛んな時代だったでしょう。しかし陰の勢いが盛んになると、少し運気が衰えてきて、物事が滞って進まなくなったり、大きな壁が立ちはだかったりします。

ある商品を開発するために十年かかったとすれば、あの時代は静かに何かを積み重ねなければいけない時だったとか、研究に研究を重ねた時代だったということで、それは陰の時代だったのです。

そうであれば、陰は必ずしも嫌なものでなく、とても大切なもののように感じられるでしょう。実は、人のやさしさも陰です。またやわらかさも陰です。陽だけが素晴らしいのではなく、陰と陽の関係性が物事の本質なのです。

◆陰陽は循環しながら成長発展する

繫辞下伝には、陰陽の働きを象徴する「尺取虫（しゃくとりむし）のたとえ」があります。

「日往（ゆ）けばすなわち月来たり、月往けばすなわち日来たり、日月（じつげつ）あい推して明生ず。寒往けばすなわち暑来たり、暑往けばすなわち寒来たり、寒暑あい推して歳成る。往くとは屈するなり、来たるとは信（の）ぶるなり。屈信あい感じて利生ずるなり。尺蠖（せきかく）の屈するは、もって信びんことを求むるなり。龍蛇の蟄（かく）るるは、もって身を存するなり」

「日」は太陽であり、陽です。そして「月」は陰です。「日がゆけば月が来て、月がゆけば日が来る」として一日が経ちます。「歳」は一年です。「暑」は春夏、「寒」は秋冬です。「秋冬がゆけば春夏が来て、春夏がゆけば秋冬が来る」というので、一年が成り立ちます。

「信」は「伸びる」という意味と同じで、「尺蠖」は尺取虫のことです。尺取虫は身を屈めて伸びて前に進みます。前に伸びるために身を屈めるのです。「尺蠖の屈するは、もって信びんことを求むるなり」とは、この尺取虫の動きを指しています。

そして「龍蛇」、龍や蛇が隠れるのはなぜかといえば、それは身を存して次の準備をするためだということになります。まさにこれらの内容は陰陽の働きについての展開を表しています。

陰陽は自在に入れ替わり変化して、どちらかが力を発揮しながら陰から陽へ、陽から陰へというふうにめぐりめぐっていきます。

学ぶことは陰であり、その学んだものを社会に発揮するのは陽です。学びは陰の素晴らしさですし、発揮するのは陽の素晴らしさなのです。

光は陽で闇は陰です。画家のレンブラントやフェルメールは、光を描くために影をもって美を表現しました。そしてゲーテは、色彩論の中で「色彩をつくり出すためには、光と闇、明と暗、あるいはもっと普遍的な公式を用いると、光と光ならざるものとが要求される」というように、陰陽の調和によって色彩が現れることを指摘しています。

また昼は陽で夜は陰です。夜にゆっくりと休み（陰）、明日の英気（陽）を養うのです。そうすれば翌朝、力強く爽やかに目覚めることができる。こうして陰から陽へと循環していくのです。

陰陽は互いに相反し、対立し、助け合い、交わり、螺旋（らせん）状に大きな循環をしながら成長発展しています。

◆物事を一つのものとして観る

物事を一つのものとして観てください。右左、縦横、有無にこだわって何でも二つに分けることをしないことです。一つのもの、陰と陽がその時々で変化して表れていると観ることで、物事の本質をつかみとることができるのです。

陽は強く、陰は弱いのですが、弱さ、やわらかさという陰の力を借りて、陽は助けられる場合が多いのです。つまり、陰にもある種の強さがあるわけです。陽として表現される強さとは違い、陰の力には別の強さがあります。

やわらかさとか、しなやかさなど、受容する能力は陰です。受容する度量というのも陰です。受容、受け容れる能力において女性ほど素晴らしいものはありません。力を発揮する器量は陽で、男性はその力を発揮します。しかし、あらゆるものを受け容れる度量に関しては、男性は女性に到底及びません。

陰と陽を別々のものと考えずに、陰と陽は循環しながら助け合い、補い合いながら新しいものに変化し、成長発展していくという原理原則を理解しておくことで、易経が読みやすくなります。陰だからいけない、陽だから素晴らしいという発想にとらわれていては、決して易経を読むことはできません。

たとえば、晴れは陽で、雨は陰となりますが、だからといって雨は悪いものではありません。実際に雨がないと困ってしまうというように、陰陽の変化とその働きによって自然界は循環しています。

ここまで易経の基本的な知識を紹介してきました。すべてを覚える必要はなく、易経の構造がこのように成り立っているのだとわかっていただければ十分です。

それでは、次の章からいよいよ易経の本文を読んでいくことにしましょう。

第二章

乾為天　天の法則

――龍の物語に学ぶリーダーの条件

龍の物語

◆「乾為天」にみる龍の六段階

易経が帝王学の書として発展したのは、易経の最初に龍の物語があったからです。この物語は、古代の王様の教科書として読まれてきました。

龍の物語は、地に潜んでいた龍が修養を重ねて成長し、大空を翔る立派な飛龍となり、やがて力が衰えていくまでのプロセスが、天下を治める王様の物語として描かれています。龍は王様のたとえであり、現代においては企業の代表取締役などの組織のリーダーを象徴しています。

龍は想像上の生き物ですが、東洋においては昔からめでたいものの象徴とされてきました。なぜめでたいのかといえば、龍は雲を呼び雨を降らせる能力を持っているからです。龍の置物や絵には必ず雲が一緒にあります。

すなわち大自然の働きは、天より恵みの雨を降らせて、大地は百花草木、生きとし生けるものすべてを生み、養い育みます。ここに大いなる生命の循環を起こします。

すべてのものは恵みの雨によって潤い、育っていくのです。そのため、雲を呼んで雨を降らす龍はめでたい生き物とされています。

しかし、龍はいつもその能力を発揮できるわけではありません。龍が雲を呼び雨を降らせるためには、龍は段階を追って成長していかなくてはなりません。

次に龍の成長の段階を追いながら、乾為天の卦を読み進めてまいりましょう。

【乾為天】

乾は元いに亨る。貞に利ろし。彖に曰く、大いなるかな乾元、万物資りて始む。すなわち天を統ぶ。雲行き雨施して、品物形を流く。大いに終始を明らかにし、六位時になる。時に六龍に乗じ、もって天を御す。乾道変化して、おのおの性命を正しくし、大和を保合するは、すなわち利貞なり。庶物に首出して、万国咸く寧し。象に曰く、天行は健なり。君子もって自ら彊めて息まず。

（初九）潜龍、用いることなかれ。象に曰く、潜龍用いることなかれとは、陽にして下に在ればなり。

（九二）見龍田に在り。大人を見るに利ろし。象に曰く、見龍田に在りとは、徳の施し普(あまね)きなり。

(九三) 君子終日乾乾し、夕(ゆう)べに惕若(てきじゃく)たり。厲(あや)うけれども咎(とが)なし。象に曰く、終日乾乾すとは、道を反復するなり。

(九四) あるいは躍(おど)りて淵に在り。咎なし。象に曰く、あるいは躍りて淵に在りとは、進むも咎なきなり。

(九五) 飛龍天に在り、大人を見るに利ろし。象に曰く、飛龍天に在りとは、大人の造(しわざ)なるなり。

(上九) 亢龍悔(こうりゅうくい)あり。象に曰く、亢龍悔ありとは、盈(み)つれば久しかるべからざるなり。

(用九) 群龍首(かしら)なきを見る。吉なり。象に曰く、用九は、天徳首(しゅ)たるべからざるなり。

【文言伝】

初九に曰く、潜龍用いることなかれとは、何の謂(いい)ぞや。子曰く、龍徳ありて隠れたる者なり。世に易(か)えず、名を成さず、世を遯(のが)れて悶(うれ)うることなく、是(ぜ)とせられずして悶うることなし。楽しむときはすなわちこれを行い、憂うるときはすなわちこれを違(さ)

る。確乎としてそれ抜くべからざるは、潜龍なり。

九二に曰く、見龍田に在り、大人を見るに利ろしとは、何の謂ぞや。子曰く、龍徳ありて正しく中する者なり。庸言これ信にし、庸行これ謹み、邪を閑ぎてその誠を存し、世に善くして伐らず、徳博くして化す。易に曰く、見龍田に在り、大人を見るに利ろしとは、君徳なるなり。

九三に曰く、君子終日乾乾し、夕べに惕若たり、厲うけれども咎なしとは、何の謂ぞや。子曰く、君子は徳を進め業を修む。忠信は徳を進むるゆえんなり。辞を修めその誠を立つるは、業に居るゆえんなり。至るを知りてこれに至る、ともに幾すべきなり。終わるを知りてこれを終わる、ともに義を存すべきなり。この故に上位に居りて驕らず、下位に在りて憂えず。故に乾乾す。その時によりて惕る。危うしといえども咎なきなり。

九四に曰く、あるいは躍りて淵に在り、咎なしとは、何の謂ぞや。子曰く、上下すること常なきも、邪をなすにはあらざるなり。進退すること恒なきも、群を離るるにあらざるなり。君子徳を進め業を修むるは、時に及ばんと欲するなり。故に咎なきなり。

九五に曰く、飛龍天に在り、大人を見るに利ろしとは、何の謂ぞや。子曰く、同声あい応じ、同気あい求む。水は湿に流れ、火は燥に就く。雲は龍に従い、風は虎に従う。聖人作りて万物観る。天に本づくものは上に親しみ、地に本づくものは下に親しむ。すなわちおのおのその類に従うなり。

上九に曰く、亢龍悔ありとは、何の謂ぞや。子曰く、貴くして位なく、高くして民なく、賢人下位に在りて輔くるなし。ここをもって動きて悔あるなり。

以上は「乾為天」という卦の抜粋です。

乾為天に書かれている龍の物語では、初九から上九に至るまでの六つの段階を一段ずつ上りながら龍の成長と変遷が描かれています。最初から順番に、「潜龍」「見龍」「乾惕」「躍龍」「飛龍」「亢龍」という六段階の変遷過程をたどります。

易経の本文の中に出てくる龍の名前は、「潜龍」「見龍」「飛龍」「亢龍」の四つです。三番目の「乾惕」と四番目の「躍龍」は、龍の物語として理解しやすいように、本文に書かれている言葉から名づけました。

（初九）潜龍

第一段階の「潜龍」の時、龍は地の底、深い淵に潜んでいます。つまり社会から見えないところで目立つことはありません。潜龍は龍ですから陽のものですが、まだ陽の力が弱く顕れていない段階です。世の中にまだ認められていない時で、地に潜んで確乎（かっこ）とした志を培（つちか）う時です。

（九二）見龍

第二段階の見龍の時は、大人（たいじん）に見出されて世の中に見られるようになります。また龍の側からも社会が見えるようになります。修養のはじめとして、師を見習って物事の基本を学びます。

（九三）乾惕

第三段階の乾惕の時は、基本を実践に移し、日々の反省とともに反復して修養に励みます。独自の技を磨き、応用力を養うために、日々努力を重ねていく時です。

（九四）躍龍

第四段階の躍龍の時は、修養を極め、飛龍となる一歩手前、試行の時です。独自性を持って、今まさに大空へ昇ろうとして機を観る時です。

（九五）飛龍

第五段階の飛龍の時を迎えると、龍は雲を呼び、雨を降らせる能力を存分に発揮することができます。やることなすことすべてうまくいく時です。飛龍は雲と共にあって、大空を悠々と翔て雨を降らせ、この世の中を循環させます。恵みの雨を降らせるのです。

（上九）亢龍

第六段階の亢龍の時は、驕り高ぶる龍となり、失速し衰退するようになります。驕り高ぶる龍は、雲を突き抜け高みに昇り、雲を失うことになり、雨を降らせて循環させる力が衰え、一気に失墜する降り龍となります。

龍の本来の目的は、雲を呼んで恵みの雨を降らせて、この世の中に一大循環を起こさせることにあります。それにより万物が生成化育し発展するというのです。その一大循環を起こせなくなった龍はもう必要ではなくなります。

潜龍の時代　「確乎不抜の志を打ち立てる」

「（初九）潜龍、用いることなかれ。象に曰く、潜龍用いることなかれとは、陽にして下に在ればなり」

（訳）潜龍を世に用いてはならない。

◆潜龍用いることなかれ

すでに述べてきたように、易経にはその時の解決策が時中として書かれています。将来、飛龍として活躍する龍も、冬の時代の潜龍から始まります。その時中は「潜龍用いることなかれ」です。「用いることなかれ」とは、冬の時には何もしてはいけないという意味でもあります。冬に種を蒔いてはならないし、この時には、ひたすら豊かな土壌づくりをすること、種を仕込んで準備することです。

実際に「潜龍用いることなかれ」とはどのようなことかといえば、経営者が人を雇う時に、若くて可能性があってもすぐに用いてはなりません。たとえ実力を備えていたとしても、潜龍の段階にある人ならば用いてはいけないというのです。過去にどのようにお世話になった人から頼まれたとしても、預かるのはいいが、用いてはならないのです。

それはなぜかといえば、将来見事に飛龍になる人物かもしれないけれど、時を間違えたがために使い物にならなくなってしまう恐れがあるからです。無理に即戦力を求めてはならず、いたずらに早成（そうせい）することを求めてはいけません。

たとえば植物の根が育っていない状態と同じです。根が育っていない状態で、土の上にどんどん成長していくとやがてその重みに耐えかねて倒れてしまうでしょう。根を伸ばしていくにはしっかりした土壌がなければなりません。したがって潜龍にある人は、用いるのではなく、成長する環境を整えていくことが大切なのです。

私たちが潜龍である場合、たとえ自分が成長する龍であると思っていても、傍(はた)からはまったく何者でもないものに見えます。将来性があるなどとは見られないし、場合によっては無視されたり、否定されたりすることもあります。

それでも認めてもらおうと焦って、冬であるにもかかわらずつい種を蒔く癖のある人がいます。失敗するにもかかわらず、何度も同じ過ちを繰り返す人はそれを「努力」と称して自己正当化します。しかしそれは努力ではなく大自然の法則から外れたことをしているにすぎません。

潜龍の時は時間がかかるということ、長い冬の中でじっくりと土壌を育てること、土の中に深く根を張っていくというイメージを持ってみてください。

焦ってはならないというのが潜龍の時代に対処する一番大切なポイントになります。

◆確乎不抜の志を打ち立てる

潜龍について文言伝では次のように書かれています。

「初九に曰く、潜龍用いることなかれとは、何の謂(いい)ぞや。子曰く、龍徳ありて隠れたる者なり。世に易（か）えず、名を成さず、世を遯（のが）れて悶（うれ）うることなく、是（ぜ）とせられずして悶うることなし。楽しむときはすなわちこれを行い、憂うるときはすなわちこれを違る。確乎としてそれ抜くべからざるは、潜龍なり」（文言伝）

（訳）どうして潜龍を用いてはならないかというと、潜龍には龍の徳はあるけれど、まだ時ではないために隠れている。だから世の中を変えるだけの力が発揮できなくても、成功して名を成すことができなくても、正しいことが通らないからと悩むことはないし、認められないからといって悩むこともない。正しい意見が通るのなら、それを行えばいいし、正しい意見が通らない時は時が違うのだから無理をする必要はない。しっかりと抜きがたい志を打ち立てることができるのが、潜龍である。

潜龍の時の「世に易えず、名を成さず」とは、本物の力がついていないとか、実力を発揮できない修行段階の龍という意味もあります。あるいは、実力はあるがそれを発揮する場がない、今はそのような世ではないという意味にもなります。

また実力があっても発揮できない世とは、魑魅魍魎（ちみもうりょう）や小人（しょうじん）が跋扈（ばっこ）している世をいいます。小人という言葉は大人（たいじん）ではない一般の人の意味で使われることが多いのですが、要するに大物ではない小物が権力を握っている世の中を想像してみるといいでしょう。つまり小人が権力を握っている時代は大人や君子が力を発揮しにくい時代であり環境でもあります。

そうした世の中では正しい意見であっても、なかなか通りません。たとえば企業の不祥事が明るみに出る前に、能力のある役員がその不正を糺（ただ）そうとしても、意図的に不正に手を染めているトップはそれを通そうとはしません。

そこで今は正しい意見が通らない時なのだと悟って、「世を遯れて」も憂えることはないというのです。正しくても認められないのだから、その人にいくら実力があっても、権力の座にはつけません。だからといって、食べていくために権力に迎合（げいごう）したり、利得・利権にも与（くみ）しないのが君子というものです。そうやって迎合することなく逃げていると、当然「是とせられずして」ということになり、まったく評価されず、「あいつは使い物にならない」と言われてしまいます。しかし認められなくても悶々（もんもん）と悩むことはないというのです。

正しい意見が通らないのだとしたら、「今は時が違うのだから待ちなさい」として、やがて訪れる時のために万全の準備を整えていくことです。

そうした潜龍の時代になすべきことは何かといえば、「確乎としてそれ抜くべからざるは、潜龍なり」と書かれています。これは「確乎不抜の志」を潜龍の時代に打ち立てるべきであるといいます。

龍の本来の志とは何か。それは雲を呼んで雨を降らせ大いなる循環を起こすことだと言いました。それが龍のあるべき姿で、龍としての責任、龍としての義務です。その志にもとづいて、龍は自分の将来の龍としてのあるべき姿、飛龍になった時にどのようなことをしようかと、とてつもなく大きな志を打ち立てることが潜龍の時です。

◆「夢」と「志」の違い

やがて潜龍から育っていく龍は、それぞれの段階で力を発揮していきます。力を発揮することで周囲から認められていき、位を得て人やお金も集まってくるようになります。おいしい話やさまざまな誘惑もあり、多くのしがらみによって不自由なことも起きてきます。

しかし潜龍の時には世の中から徹底的に無視され認められないので、見方を変えれば、何者にも縛られることはありません。潜龍にとって、この認められない時は実は逆に恵まれた時で、大きなしっかりとした志を打ち立てることができるのです。潜龍の時代こそ「確乎不抜の志」を打ち立てる時です。

よく夢と志を同じものと考えている人がいます。しかし夢と志はまったく違う次元のものです。夢は描くといい、実現したいと願いますが、志は打ち立てるもので、何としても実現するために震い動くのです。夢であれば覚めたら終わりとなり、いい夢を見たけれど実現しなかったと済ますことができるでしょう。しかし、志には果たすべき使命があり、どこまでもあきらめずに実現のために努力し続けます。

また志のことを「確乎不抜」と表現しているのは、目の前にそびえたつ現実の壁に立ちすくみ、その志がぶれてしぼんでしまうことがないように、抜きがたいほどにしっかりと立てることの大切さを意味しています。

潜龍の潜はまだ現実に見えないし、リアルな現象に顕れていません。しかし目の前の現実は、今ここで現象として目に見えるので、中途半端な志である場合、その現実の壁を突破することができないのではないかと不安になり、しぼんでしまうことが多いのです。

だからこそ志とは、何としても成し遂げるという覚悟を持った「確乎不抜の志」としなければなりません。これは潜龍の時代だからこそ、その志を打ち立てることができるというのです。

現象は目に見えるものですが、潜象は潜んでいるために見えません。したがって潜龍の段階ではたとえしっかりとした確乎不抜の志を打ち立てたとしても、外からはまったく見えません。飛龍の段階に至ってその志が現象となり、社会から認められるようになるのです。あそこにすごい龍がいると言われるようになるのは飛龍の段階なので、潜龍の時代は潜んでいるために誰も認めることができません。だからこそ自分自身が確乎不抜の志を打ち立てていかなければ龍は育たないのです。

◆「確乎不抜の志」とするために大切なメンテナンス

世の中から見えないところに潜んでいる潜龍が、確乎不抜の志を打ち立てていく時、必ず震えが起こります。そして震えが起こると硬く冷たい大地をも揺り動かすようになります。

ちょうど春が近づいてくると必ず芽が地の底深くから伸びて、硬い土を破りながら、時にはコンクリートでさえ突き破るような震えの力が発せられます。

私たちは土の中で何が起こっているのかを見ることができません。たとえ見えたとしても、その動き、伸び方は緩やかすぎて、昨日と今日とどれだけ伸びたかわかりません。それほどにゆっくりと変化していくのです。

潜龍の確乎不抜の志は、表面には見えないので、多くの人はその志を笑うかもしれません。それでもその志がぐらつかないようにメンテナンスをしながら育ててゆく時、必ず震い動いて現実の壁を打ち破ってゆくようになります。

パソコンのマウスの父と呼ばれたエンゲルバード博士は、「その人がどれだけ成熟しうるかは、どれだけの辱め（はずかし）に耐えられるかに正比例する」と言いました。否定され辱めを受け、認められない環境の中で志を貫き続けることの困難さとそれに耐えることこそが、その人を強くし成長させる根源になると指摘しています。

潜龍の時代にはどれほど高い志を立てても現実という壁や限界がありません。それが潜龍の強みでもあり、何を生意気なことを言っているのかと外から見られたとしても、この時に立てた志によってその人の将来の大きさが決まるともいわれています。

道元禅師（ぜんじ）は「発心（ほっしん）正しからざれば万行空（むな）しく施（ほどこ）す」（『学道用心集』）といわれまし

た。これは最初に打ち立てた確乎不抜の志が正しくなければ、どのように成功しようともすべての行いは空しい、という意味です。

まさに潜龍の時代は修養の時、修行の時、徳を身に蓄える時、大いなる志、確乎不抜の志を打ち立てる時なのです。

◆長く潜龍の時を過ごした太公望

太公望（たいこうぼう）は、易経の三聖人の一人である周の文王が「三顧（さんこ）の礼」をもって迎えた軍師です。本名は呂尚（りょしょう）といいますが、文王の祖父である太公の時代から、久しく待ち望んでいた人物ということで、「太公望」の名で呼ばれるようになりました。

文王が太公望を訪ねた時、太公望は釣りをしていたので、「釣れますか」と尋ねました。すると太公望は「わしは魚を釣っているのではない。国を釣っているのだ」と答えたといいます。ちなみに日本の川柳（せんりゅう）に「釣れますか　などと文王　そばに寄り」とあります。この故事（こじ）から、釣り好きを「太公望」と呼ぶようになりました。

文王は太公望を軍師として迎えたいと頼みますが、二度断ります。そして三度目にようやく太公望は承諾します。これを「三顧の礼」と称します。

「三顧の礼」といえば、三国志の劉備が諸葛亮（孔明）を迎えた時の故事成語といわれていますが、実は文王が三顧の礼をもって太公望を迎えたという故事がもとになっています。

太公望は、文王と劇的な出会いを果たした時、すでに七十歳を過ぎていたといわれています。いうなれば、人生のほとんどを潜龍として過ごしたことになります。

太公望はそれまで兵法の研究をしてきたわけですが、やっと軍師として活躍する場を得ることになったのです。やがて武王が殷の紂王を滅ぼして周王朝を建てる時、太公望は大いに貢献しました。それで斉に封じられ、繁栄していきます。

太公望がうだつのあがらない時、妻は愛想を尽かして出ていきました。その後、文王に見出され、活躍して斉に封じられた姿を見て、もう一度やり直したいと頼みました。そこで太公望は、お盆に水を入れてひっくり返し、「水をもとに戻してみなさい」と言いました。一度こぼれてしまった水はもとにもどらないということを示して、やり直しはできないと伝えました。これが「覆水盆に返らず」という諺の出典となっています。

文王と出会うまでの長きにわたる潜龍の時を過ごした太公望は、大いなる葛藤を抱えながらも悠々と釣りをしたというところに、その確乎不抜の志を打ち立てていたのであろうと推察することができます。

太公望については諸説紛々(ふんぷん)あり、定かではありませんが、長き潜龍の時代を過ごして、やがて飛龍となったということは間違いないでしょう。

見龍の時代「大人と出会い、基と型を身につける」

「(九二) 見龍田(でん)に在り。大人を見るに利ろし。象に曰く、見龍田に在りとは、徳の施し普(あまね)きなり」

(訳) 見龍は、修養の場(田(た))に現れる。大人を見て学ぶことだ。

◆大人との出会い

次の段階は、潜み隠れていた龍が時を得て大人に見出され、地上に現れ「見龍」になります。見龍とは、潜んでいた龍が田に現れて見られるようになると同時に、自分もまた見えるようになったという意味です。

また、「見る」とは「見える（まみ）」と読むことができ、「出会い」という意味もあります。

龍は水を司（つかさど）り、雨を降らせるといわれているので、「龍は水もの」であり、決まって水の中から姿を現します。多くの神社仏閣の手水舎（ちょうずや）には龍が置かれていて、その口から水が流れているのも龍が水を司る象徴だからです。

田んぼは稲作を学ぶ場であり、稲を育てて実りを得るための基盤です。したがって見龍の段階とは、これから仕事をしていくための基本を学ぶ場に現れたことを示しています。

そこで仕事の基本を学ぶために、「大人を見るに利ろし」という見龍の時中を見てみましょう。

潜龍が見龍となって地上に出てくることができたのは、決して自力で出てきたのではありません。潜龍の秘めた志と、将来の可能性を見出した大人との出会いにより、地上に引き上げられたのです。

大人とは、見龍にとって自分の将来の姿を実現している師となる人物のことです。見龍の時代は、よく見える目で、師となる大人の一挙一動をよく見て学ぶことの大切さを教えています。

◆「基と型」を学び、身につけるための心構え

潜龍の時代には「確乎不抜の志を打ち立てる」ことが最も重要な課題でしたが、見龍の時代は「基と型をつくる」ことが最大の目的になります。とにかく基と型をつくれば、他のことは何もしなくてもいいのです。逆にいえば、基と型がしっかりできていないと、たまたまチャンスに恵まれてうまくいったとしても、長続きしません。その後で必ず失敗します。

目指すべき飛龍になるプロセスから見れば、見龍の段階は潜龍から少し出た段階にすぎません。いうなればよちよち歩きの龍のようなものです。まだ足腰がしっかりしていないので、下手に歩いたり走ったりすると、基から駄目になってしまいます。またそういう失敗をしがちなのが見龍の時代でもあります。

また見龍の時代は、今まで真っ暗闇で何も見えなかった潜龍の時代から、一気に視界が開けたので周囲がよく見えるようになります。急に視界が開けると、すべてが見えた気にもなります。これが見龍の状態です。

やがては飛龍になれるのですが、まだまだ視界が開けたばかりの段階で、上から俯瞰して見ているわけでもなく、洞察力で見えないものを観ている状態でもありません。あくまでも自分の目に映るものだけが現象として見えるようになった状態にすぎないのです。

ここに「見龍のめくらまし」という落とし穴があります。

暗いところから明るいところに出た時、一瞬めくらましが起きるように、見えないものが見えるようになると、自分にものすごく力がついたような錯覚に陥ることがあるのです。時にその思い込みからやり過ぎてしまい、失敗してしまうことを「見龍のめくらまし」といいます。

それは認められなかった潜龍の時代があり、見龍として大人に見出され認めてもらえるようになった時、とにかく嬉しくてなんとか大人の期待に応えたくて仕方ないのです。それで無理をしてしまいます。しかしその無理な頑張りは、あとあと心身の成長に大きく影響することもあるのです。

だからこそ、自分はまだよちよち歩きの龍なのだと自覚して、まずは社会を歩んでいくために必要な基と型をしっかり身につける必要があるのです。それが見龍の時代になすべきことです。

◆見龍が見習うべき大人とは

それでは見龍が見習うべき大人とはどのような人物でしょうか。文言伝には次のように書かれています。

「九二に曰く、見龍田に在り、大人を見るに利ろしとは、何の謂ぞや。子曰く、龍徳ありて正しく中する者なり。庸言これ信にし、庸行これ謹み、邪を閑ぎてその誠を存し、世に善くして伐らず、徳博くして化す。易に曰く、見龍田に在り、大人を見るに利ろしとは、君徳なるなり」（文言伝）

（訳）水田に現れた見龍は大人を見て学びなさいとはどういう意味か。

見龍が学ぶべき大人は、志がしっかりして、当たり前のことが当たり前にできる人だ。日頃の言動に嘘偽りがなく、行動には謙虚な謹みがある。そして邪な心が起きないようにして、誠心誠意、仕事に取り組む。世の中の役に立っても、驕らず、自分を誇らず、誰もが見習って成長したいと思う。見龍はこういう大人に学ぶことで、君子の徳を身につけるのだ。

①龍徳ありて正しく中する者

見龍の時代に見習うべき大人とは、「龍徳」、明らかな志を持ち、「正しく中する者」であるといいます。「中」は時の的に中る。すなわち「中」とは、その時々にぴったりの言行によって、鋭く物事の的を射て、私事の偏りがないという意味です。その時その場面において出処進退を弁え、最も適切なことを行う、そういう人の姿勢を見習って、物事の基本を身につけていくことです。

②庸言これ信にし、庸行これ謹み

「庸」は中庸の庸と同じで、「常」という意味です。つまり「庸言これ信にし」とは、日常の言葉に嘘偽りがなく誠実であるという意味です。そして「庸行これ謹み」とは、日常の行いは時に適ったものであるかを極め、すべき時にすべきことをするといいます。

普段から嘘をつかず、ごまかさず、いつも真摯に謙虚に物事に取り組んで、言っていることと行っていることが違わない、言行一致をいいます。それは日々の朝の挨拶を忘れないことでもあり、履物（はきもの）を揃えられることでもあります。

③邪を閑ぎてその誠を存す

「邪を閑ぐ」とは外からの「邪」ではなく、自分の中の「邪」を防ぐことです。どんな人でも正（誠）と邪の両方を持ち合わせています。

人間誰しも弱く、邪心が芽生え、罪を犯す可能性があります。自分には邪心がないなどと思っていたら防ぐことはできません。要するに、人間は条件次第で悪に走ってしまうような弱さや矛盾を抱えている存在でもあります。

したがって、大人の立場である自分が素晴らしい人間だという前に、まずは客観的に自分のことをしっかり見なくてはいけません。そうすれば、どのような時に自分の内なる邪が出てくるかがわかるようになります。

自分の中の邪を知れば、その邪が出てこないようにする方法を考えておかなくてはなりません。見龍に真似されて困らないように対策を講じる必要があるのです。

たとえば官僚の仕事をしているのであれば、職責が上がるほど袖の下を贈られる誘惑が出てきます。これは悪魔の仕掛けと言った方がいいかもしれません。そういう危険な状況にあるとすれば、その危険を回避するシステムを構築する必要があります。

こういう危険が完全に起きないようにするのは難しいことなのですが、簡単に邪心や出来心が生じないようにする仕組みづくりは大人の役割です。

そして自らの邪を閑ぐだけではなく、これから育つ見龍が真似しないように、組織としても全体的総合的に邪を閑ぐ仕組みづくりをしなければなりません。それを考えてシステムを構築するのが企業や組織のリーダーの役割です。

自分の中の邪を認めるのはとても怖く、嫌なことです。どうしても目を反(そ)らしがちですが、それでも邪と向き合う原動力となるものが、潜龍時代に打ち立てた確乎不抜の志です。その大きな志が「邪を閑ぐ」意志を強くしていきます。

④世に善くして伐らず、徳博くして化す

正しいことをしたから、あるいは素晴らしい商品を世に出して賞賛を得たからといって、誇ってはいけません。それは当たり前のことをしただけのことだから、正しく

ない人や、それができなかった人を責めてはなりません。
世をどのように変えたとしても、それは自分の役割を果たしただけであって、誇ることでもなんでもないのです。そして当たり前のことを当たり前にできるのが、見龍が真似するべき大人であり、それがリーダーの資質なのです。

このように見龍が見習うべき大人とは、人としての基本の型、世の中の大常識を体現しているのです。見龍が大人の姿勢を見てまず学ぶべきは、これらのことを自分も当たり前だと思うまでに身に染みこませることなのです。これを基本にすれば、世の中を潤して万物を養うリーダーに成長すると教えています。

◆大人に基と型を学ぶ

そこで基（もと）と型（かた）を身につけるためには、まず「見る」ことです。「大人を見るに利ろし」とは、自分を見出してくれる人、もしくは、将来の才能を観て推薦してくれる人を探しなさいという意味にもなります。

見龍の時代には自分が学ぶべき大人との出会いが必ずありますので、その大人を探し出して学ばなくてはならないとはっきり意識することが大切です。

そしてこの「見る」には観る力をつけるという意味があります。さらに観るとは「学ぶ」という意味もあります。

「学ぶ」という字は、古くは「まねぶ」と読みました。古い漢和字典で「学」という字を引いてみると、「まなぶはまねぶなり」と書いてあります。「まねぶ」とは「真似をする」ことなのです。つまり「学ぶ」とは「見て真似る」ことなのです。

このように見龍の時代は、師となる大人に見出され、大人の何もかもを見てそのまま真似ることで基と型を身につける時です。目で見て、耳で聞いて、全身全霊を傾けながら大人に学ぶことです。

また見龍の段階にあるメンバーを指導するリーダーは、徹底して基本を身につけるための真似て学ぶ期間として見守ることが大切です。潜龍と同じく簡単便利に用いてはなりません。企業や組織の人材育成において即戦力を求める現場の声は大きいと思いますが、必要以上に求めてはなりません。

◆基本を身につける原理原則

ところで、美容師として本当の実力がつくのは、見習いの時代のシャンプーの技術にあるといわれています。美容師の基本は「シャンプーに始まってシャンプーに終わる」と言うそうです。現在は機械を使ってシャンプーする美容室が増えているようですが、実はシャンプーこそが美容師の実力を身につけるための基本であるというのは興味深いことです。

美容師の見習いがシャンプーを徹底してやると、手の指に目ができるといいます。美容室を訪れるお客さまは、一人ひとり頭の形が違います。頭の癖も硬さも、そして髪の質もすべて違います。それらが両手の中で理屈抜きにわかるようになります。それこそが美容師としてのカットやデザインなどの将来のすべての基礎になるのです。

シャンプーという地道な修業によって両手の指先に目がつくようになり、人間の頭のすべて、髪の毛のすべてが手の内に入ってくるということです。これが美容師の実力の基本が、「シャンプーから始まってシャンプーに終わる」という意味です。

これは見龍の時代を象徴するたとえ話です。どのような仕事でも基本を身につける見龍の時代があります。師匠を見本にして徹底的に真似て学ぶことによって基本を身につけることができるというのは、誰もが普遍的な原理原則として理解が得られるのではないかと思います。

それぞれの専門の立場から「シャンプーに始まりシャンプーに終わる」といったイメージを生かして、見龍の時代にある人が技術のレベルアップをしながら、観る力をつけていくことができるようになってもらいたいと思います。

◆本物の「型」を築く

龍の成長過程は、日本の武芸の習得の過程に一致しています。これは大変興味深いことですが、この武芸における「型」の稽古論を展開したのは、室町時代に「中楽(さるがく)(能)」を大成させた世阿弥(ぜあみ)です。世阿弥は型という言葉ではなく「形木(かたぎ)(物のかたちを彫り込んだ版画の板)」と表現しています

「そうじて能は、大きなる形木より入りたる能は、細やかなる方(かた)へも行くべし……」

(「花鏡」世阿弥著より)

(訳) おしなべて芸というものは、大きい基本形から入った芸は細かい方面にも行き

届くことができる……。

また世阿弥は『風姿花伝』の中で「年来稽古條々」として年齢に応じた稽古論を説いています。

「（十二、三歳）この頃の稽古はどれもこれもやすやすといくものである。つまりこの花だけで一生涯の能が決まるはずはない。この頃の稽古は演じやすい部分を見せ場にしながらも、基本の技を大事に守るべきである。動作は正確に、謡いは発声、発音を明瞭に。舞は型をしっかりと守って大事に稽古すべきである」（『現代語訳　風姿花伝』水野聡訳より）

世阿弥は、それぞれの年齢に応じた花があり、それを「時分の花」と称しました。そして若いから賞賛されるのは一時的な「時分の花」であり、四十四、五歳となってもなお散らない花こそ「まことの花」であるといいます。

「（二十四、五歳）この頃、生涯の芸風が定まりはじめる。ここが稽古の境目。……若々しい盛りの芸の咲きはじめる時分でもある。すなわち一見しただけで、さてはうまい役者があらわれたものだと人も注目するところとなる。名人相手の芸くらべにも、当座の花ゆえのもの珍しさで競い勝つこともある。それで観客も喝采し、自身も得意になりだすのだ。このことは当人にとり、まったくもって仇となる。これもまことの花とはいえない。一時の花である。まことの目利きは見分けるものである」（前掲）

ここには見龍の目くらましそのものが書かれていて、これは「時分の花」であると自覚し謙虚になって、「初心」を忘れないことの大切さを指摘しています。

そして見龍の時代を戒めるように、次のように結んでいます。

「これは今を限りの珍しい花であることを悟り、いよいよ物真似を正しく習い、達人にこまかく指導を受け、一層稽古にはげむべきである」（前掲）

このように能や歌舞伎などの技芸の伝承は、幼い頃から伝統的な「型」を徹底的に学び続けることによって成り立っています。人間国宝の狂言師である野村万作氏もまた、インタビューで次のように語っています。

「師匠である父と一緒に舞台に出ていた頃は、『こう喋りなさい』と習ったことを忠実に演じていました。父が亡くなってから、『なぜこういうふうに喋るのか』という台詞一つ一つの意味を自分で考え、発見するようになりました。個性というものが発揮されていくのはそれからであると思います。また、年を重ねて五〇、六〇代で台詞を考えると、二〇、三〇代の頃のように頭でっかちな解釈とは違ってきます。そうして、年齢に合った『自然な』リアリズムの劇になっていくのです」

（二〇一五年十一月十六日号　ライトハウス・ロサンゼルス版より）

伝統芸能を「生き物」として次代につなげていきたいと語る野村万作氏は、まず型を身につけることの大切さを指摘しています。それは、師から学んだ型の意味や内容が、たとえ最初にわからなくとも、年を重ねるごとにその意味が深く理解できるようになっていくということです。そして、型に学ぶ、その気づきと深みは生涯にわたって尽きることはないと言います。

また、歌舞伎の第十八代中村勘三郎氏は、すべて芸事の基本である型を身につけることの大切さについて、生前に「型があってこその型破り、型がない人間が型を破れば型なし」と自身を戒めていました。中村勘三郎氏は、伝統芸能である歌舞伎を、現代の私たちにわかりやすく、楽しめるように伝えようとしてさまざまな挑戦をしてきました。それが多くの人たちに受け容れられて賞賛されたのは、中村勘三郎氏がその基本となる型をしっかりと踏襲（とうしゅう）し、その上で新しい挑戦をしたからにほかなりません。

◆「見る」は見えないものを「観る」ための入り口

大人を見てそのままを真似することで、基本の型が身につきます。そして同時に「見る力」が養われるのです。大人のコピーをしようと、懸命にしっかり見る、見逃さない、細部にわたって真似るという訓練となるからです。

そこで器用な人は、型をすぐに真似ができるようになります。しかし後に人に教える時は、不器用な人が教え上手であるといいます。それはなぜかというと、どうすればできるようになるのかを、自分で考え、悩み苦しみながら体得してきたという、そのプロセスを人一倍の努力によって通過しているからです。誰よりも多くを学ぶことによって、見る力が養われているからです。

「見る」とは見えないものを「観る」という洞察力の入り口です。見龍の段階でこの見る力を身につけて、しっかりとした基盤をつくっていくことで、さまざまな出来事を多角的に見ることができ、思い込みに陥ることなく正しい判断ができるようになるでしょう。

乾惕の時代　「反復継続し、独自の技を創造する」

◆君子の道

見龍の時代は基と型を徹底して真似る時代でした。そこで基本となる型を身につけた見龍は、師である大人の指導を離れて、独り歩きの段階「乾惕（けんてき）」に進みます。

この乾惕の段階から、君子の道、リーダーとしての在り方について学ぶべきことが多くあります。その中でも重要なのは、失敗について学ぶことで身につく危機管理能力や問題対処能力、マネジメント能力です。つまりこの乾惕の段階で修養することは、リーダーになってからも継続して学び続けていくべきことなのです。「君子論」は、君子、つまりリーダーはどうあるべきか、何を考え、何をしなければならないかということを論じたものです。学者や思想家が君子論をどこからひもといていったかというと、この乾惕の本文からだといわれています。

「（九三）君子終日乾乾し、夕べに惕若たり。厲うけれども咎なし」

（訳）君子は、朝から晩まで、前へ前へと積極的に努力邁進し、そして夜、独りになった時に、「あれでよかったのか」と、恐れ震えるがごとく一日を省みなさい。そのようであれば、危うく不安な時ではあるが、失敗に学ぶことができるだろう。

「九三に曰く、君子終日乾乾し、夕べに惕若たり、厲うけれども咎なしとは、何の謂ぞや。子曰く、君子は徳を進め業を修む。忠信は徳を進むるゆえんなり。辞を修めその誠を立つるは、業に居るゆえんなり。至るを知りてこれに至る、ともに幾すべきなり。終わるを知りてこれを終わる、ともに義を存すべきなり。この故に上位に居り

て驕（おご）らず、下位に在りて憂えず。故に乾乾す。その時によりて惕（おそ）る。危うしといえども咎なきなり」（文言伝）

（訳）朝から晩まで積極果敢に進み、夜は恐れるほどに反省する。そうであるなら、危うい時でも咎めはないとありますが、どういうことでしょうか。

君子を目指す者は、仕事の質の向上のために邁進し、日々の業務を修めなさい。質の向上を目指すということは、自分をごまかさず、人をあざむかず、経験と信頼を積むことである。業務の責任を担って取り組めば、その言葉にはおのずと誠心が表れ、人に伝わるのである。今の状況がどこに至るのか、それを前もって知って目的に至る。これがやがて兆しを察知する力になる。そして業務の終わるところを知ってこれを終え、成果を上げるべきである。このように励んだならば、人の上に立っても驕らず、人の下にあっても将来を憂うることもない。たゆまず日々前に進み、その時々に恐れて省みることだ。危うい時とはいえ、咎めを受けることはない。

この「乾惕」の時代は、基本から本物の技を創出する段階です。基本はもうすでに修めたので、次は想像力、創意工夫、オリジナリティー、本物の個性などを開花させる時です。

武芸の世界には「守・破・離」という言葉があります。これに龍の物語を当てはめるなら、「守」の段階が見龍です。そして「破」に至って初めて、大人からコピーした型をくずします。それが「乾惕」の時代です。

ところで「乾惕」には「龍」という字が出てきません。実は、この「君子」が「龍」なのです。龍にたとえて君子のあり方が書かれているのが「乾為天」の卦です。ここには、見龍が次の段階にきたら何をなさねばならないのかが書かれています。

◆積極果敢に、勇気をもって前に進む

まず乾惕の時中である「君子終日乾乾し、夕べに惕若たり」とは、朝から晩まで、とにかくやり過ぎるくらいに積極的に前へ前へと進み、そして一日の終わりに恐れ震えるほどに省みなさい、という意味です。

ここで「乾乾」と表現しているように、乾という陽が二つ重なっています。この乾の乾は二つではなく掛け算なので、さらに強力な推進力を意味しています。

つまり「君子終日乾乾し」とは、君子であるのなら一日中、積極的に前に前に勇気を持って進めという意味です。そして乾が二つ重なっているので、さらに持てる力を全部発揮し、後ろを見ないで前に進むこと、思い切りやり抜くことを強調しています。

潜龍の時代は「用うるなかれ」で動いてはいけないと教え、見龍の時代は型通りにやりなさい、自分の意思で動いてはならない、と教えていました。ところが、基本の型をマスターした乾惕の段階になって、「さあ、自分の意思で動きなさい」と解き放たれるのです。

ここで初めて自分の頭で考え、自分の力を発揮して前に進んでいきます。すると、実践の中で型が崩れて失敗やトラブルが起きます。しかし、乾惕の龍にとっては、この失敗、トラブルを通じての痛みやさまざまな経験がプロの技術を身につけるための師となります。

あらゆる失敗のパターンを経験することで、その経験の量がやがて質に転換して、すぐれた創意工夫や技術、知識、実力へと化していきます。そのためには、少し生意気に、やり過ぎるくらいでいいのです。

それでも人間はやっているうちに失敗やトラブルに対する不安や恐怖心が襲ってく

ることも当然のようにあります。その不安や恐怖心に目をつぶれということではありません。不安や恐怖心をなくそうとせず、不安や恐怖心を一緒に抱えたまま、とにかく前へ進むことです。恐怖心があっても前に進むから勇気というのです。勇気を持って前に前に進むこと、それが乾乾することの意味なのです。

◆一日を反省し、さらに前進する

そして「夕べに惕若たり」というのは、夕方になったら寝る前のほんの三十分でかまわないので、徹底的に反省しなさいという意味です。乾は陽の塊で積極的に前に進んでいくことを示していますが、惕は陰の塊で立ち止まって悩むほどに反省することを示しています。

朝から晩まで乾乾し、積極的に前進し思い切り実践した後は、夕べには悩むがごとく、恐れるがごとく、一日を振り返って反省することが乾惕の時です。

ここには、日中の実践が善かったのか悪かったのか、そのやり方を徹底的に振り返り、反省することが大切であると書かれています。見龍で培った基本的な型を、乾惕では応用展開し実践の中から独自の新しい世界を創り出そうとします。これにより初めて「技術」といえるレベルに達するようになるのですが、これを「技化(わざか)」するといいます。

実践の中で応用しようとすれば、基本の型が崩されることが多くあります。その際、たくさんの失敗があって、その反省から独自の技を発展させることができます。仕事においてもトラブルを起こしたり、失敗して叱られ、たしなめられたりして、痛い思いや悔しい思い、恥ずかしい思いを知らなければ伸びていかないのです。

失敗を恐れて縮こまるのではなく、失敗を経験として刻み込んでいくことが大切です。その刻み込みは、その日のうちにやっておくことです。夜、独りになった時に、今日は何が原因で失敗したのか、この失敗にどう対処すればいいのか、必死に反省することです。じつはここから驚くべき発想、創意工夫が生まれてくるのです。

しかし本当に怖いのは勝ったつもりになっている時です。業績が上がったとか、営業成績が一番になったとか、誉められた時にこそ、本当にこれでよいのかと振り返り反省することが大切だというのです。失敗せずに現象面ではうまくいった時、これでよかったのだろうかと振り返り反省をすることにより、今まで気づかなかった問題や課題に気づきが起こります。よかったと思われることに落とし穴があったという気づきは大切なものです。

　たとえば保守点検や危険物を扱う仕事に従事している人たちは、条件一つ間違えたら大事故になっていたかもしれないという気づきが起こります。それは毎日、実践と反省を繰り返す反復の道を歩むことで、プロフェッショナルの技を身につけることができているというわけです。

　すなわち、日中は、乾に乾を重ねて強くしていく、やり過ぎるくらいに努力し、そして夕べには恐れるほどに反省をすること。それを毎日繰り返し継続することを反復の道といいます。

◆反復の道　――継続は力なり

　この乾惕の時は、反復の道を進むことで問題意識能力が高まり、問題を発見する能力も高まります。そしてより安全で周囲に喜ばれる仕組みを開発するようになります。

　ある新聞の校正担当者に次のように尋ねたことがあります。「大新聞の編集局長が、新聞を広げてパッと見た瞬間に誤植などの間違いが発見できると聞いたのですが、本当ですか?」と。するとベテランの校正担当のその人は、「あっ、あれってね、わかるんだよ」と平然と言い放ちました。どうしてわかるのかと聞くと、「第六感なのかわからないが、この辺りが気になるなぁと感じてそこを見ると誤植を発見する」とのことです。それは見事に百発百中ともいえるほどのものらしく、驚いたことに三年くらいかければほぼ八割の人ができるようになるそうです。

校正担当になって、毎日校正していると三年くらいで八割の人がその感覚を身につけることができるというのは驚くべきことです。しかしあとの二割の人は十年経ってもできないときっぱりと言い切っていました。多くの人が三年、毎日繰り返して継続し、反復の道を歩めば、その技術はプロの水準に達するということです。

◆マンネリ化による凡ミスを避ける

問題意識能力の次には、独自の発想やアイデアが出てきます。これまで良かったと思っていたことに対して、もっと良い方法を発見し改良していくのも乾惕の時です。優れた仕組みを次々に進化させるマネジメント能力はこの段階にあってできるものです。要するにマネジメント能力というのは、努力して工夫を凝らして目的を達成するというものです。そのレベルに達するためには、徹底的に反復継続して、振り返りと反省が求められます。

いうなれば乾惕の惕は、思考によって創意工夫することでもあります。ただ繰り返し継続するだけで、恐れるほどに反省する惕がなければマンネリに陥ります。

乾惕の時代に気をつけるべきはマンネリ化による凡ミスです。マンネリ化が始まると小さなミスが起きるようになります。この凡ミスを見逃してしまうと、やがて恐ろしい大きな事件が起きます。

人は大きな岩には躓（つまず）きませんが、小さな石に躓き倒れます。人生も仕事も、そして企業や組織も、日常の些細なミスの積み重ねが思いがけない病気や事故につながることがあります。些細なミスに鈍感になり、観る力が失われていくのはマンネリ化による体質的な問題となります。

◆潜龍の志と見龍の基と型をメンテナンスする

そこで一日の反省をする時、恐れるがごとく細心にチェックすべきことは二つあります。まずは潜龍の志がしぼんでいないか、そしてもうひとつは基本の型が崩れていないかという点です。失敗が大事に至らず、それをバネにして成長できるのは、見龍の段階で基本の型をしっかり学んでいるからです。自分の落ち度がどこにあったのか、それをチェックするベースがあれば、型が崩れてもまた正すことができます。

だからこそ乾惕の時代は、毎日を前に向かって実践し継続すると共に、振り返り反省することを通じて、あらたな発見と創造をつくりだしていく時です。この乾惕の「終日乾乾し、夕べに惕若たり」はどの段階にあっても、たとえ飛龍になろうとも続けていきなさいと教えています。

◆真摯さとは「忠信」にあり

文言伝には「君子は徳を進め業を修む。忠信は徳を進むるゆえんなり」と書かれています。これは、人間的な「徳」を高めるため、志した「質」の向上を目指して、一日の仕事を修めることが大切であり、そのことのために業を修めることだと教えています。これが「修業」の出典となりました。

「徳」とは、善き人格や善き行いのための要件で、自分がどうあるべきなのか、どういう振る舞いをすべきなのかを指し示し、自分自身の質を向上させるものです。

私たちは、それぞれに与えられた仕事に対して最善を尽くすことによって、成長することができます。失敗や問題をそのままにしておかないで、最後までやり遂げてこそ、業を修めたことになります。

すなわち問題を軽んじることなく、誠実に向き合いながら問題解決をすることが、徳に進むこと、つまり「質」の向上につながります。

次に「忠信は徳を進むるゆえんなり」とありますが、「忠」とは「自分に対して嘘をつかない」ことです。そして「信」とは「人に対して嘘をつかない」ことで、ここでいう嘘とは問題に目をつぶらないという意味です。

ところで、経営学者のピーター・ドラッカーは、組織のリーダーとしての条件に「真摯さ（integrity）」を挙げて、次のように語っています。

「知識がなく、仕事もたいしたことがなく、判断力や能力が不足していても、害をもたらさないことはある。しかし真摯さに欠ける者は、いかに知識があり、才気があり、仕事ができようとも、組織を腐敗させる」

（『現代の経営［上］』P・F・ドラッカー著／上田惇生訳〈ダイヤモンド社〉より）

このドラッカーの指摘する「真摯さ」こそ易経でいう「忠信」です。
乾惕の段階は、リーダーとしての資質を完成させる時です。そのためには、志を持って「徳を進め業を修む」ことであり、「忠信」すなわち真摯さを持って仕事を進めることです。どんなに能力が高くても、真摯さがなければリーダーの器ではありません。

真摯さがあればこそ、たとえ仕事でうまくいったとしても、本気で恐れるほどに「これでよかったのか」と反省することができます。

易経がいうところのマネジメントとは、必死になって苦労して工夫を凝らし、目的を達成することです。これができない経営者は経営をしていないことになります。

◆リーダーに求められる「言葉」の力

さらに、文言伝には「辞（ことば）を修めその誠を立つるは、業に居るゆえんなり」と書かれているように、辞を修める「修辞」とあります。これはすなわち乾惕の時が言葉の力をつける時であることを示しています。

ここでの「修辞」とは、言葉を飾りたてるのではなく、その時にふさわしい生きた言葉で伝えるという意味となります。

乾惕の段階は、企業での経営層と部長職までを含むリーダーが、経営者に代わって、部下や取引先に会社の理念やビジョンを伝えるべき役割があります。

つまりリーダーは、会社の経営理念とビジョンを受けて、その経営方針を末端の社員に至るまで伝えられるように、言葉の技術を磨いておかなければなりません。

◆乾惕の時代に「対処能力」を培う

文言伝には、乾惕の最後の部分に「故に乾乾す。その時によりて惕(おそ)る。危うしといえども咎なきなり」とあります。

「その時によりて惕る」の「時」とは「時中」のことです。したがって「惕る」べきことは、問題が起きたことではなく、乾惕の時にあたって対処できないことを示しています。

乾惕の段階での問題は、決して根幹を揺るがすような問題ではありません。むしろ型崩れを起こした型を元に戻し、それを通して問題処理能力をしっかり養うために起こる問題なのです。つまり問題が起きても恐れることはないといっているのです。「問題が起きることよりも、それに対処できないとしたら、それを恐れなさい。この乾惕の時代は対処能力を培うべき時なのだ」と乾惕の時の在り方を教えています。

躍龍の時代　「時」を観る力を養う

「乾惕」の時代にさまざまな経験と創意工夫を積み重ねて、プロとして独自の技を磨いた龍は、次に「躍龍」の段階へと進みます。「躍龍」は大空を悠々と駆けめぐる「飛龍」のほんの一瞬手前にあります。

それでは本文を見てみましょう。

「（九四）あるいは躍(おど)りて淵に在り。咎なし。象に曰く、あるいは躍りて淵に在りとは、進むも咎なきなり」

（訳）大きな飛躍の機を捉えるために、ある時は、跳躍（ちょうやく）して空へ舞い上がろうとし、ある時は潜龍がいた淵に潜って志に立ち返りなさい。そうであったなら、進んでもあやまつことはない。

「九四に曰く、あるいは躍（おど）りて淵に在り、咎なしとは、何の謂ぞや。子曰く、上下することと常なきも、邪をなすにはあらざるなり。進退すること恒（つね）なきも、群を離るるにあらざるなり。君子徳を進め業を修むるは、時に及ばんと欲するなり。故に咎なきなり」（文言伝）

（訳）ある時は、跳躍して空へ舞い上がろうとし、ある時は潜龍の志を見つめ直し、淵に潜る。そうであったなら、進んでもあやまちはないとあるが、どういうことか。

この龍は、これまでと違う、飛躍発展の試みをしている。その動きは上下に不安定にゆらぎ、尋常ではないが、悪いことを企んでいるのではない。また、日頃の業務とは違って、挑戦的に進んでみたり、深い淵まで退いたりするが、組織から外れようとしているのではない。このように飛龍になるためには、自分の質をさらに高め、業務を修めて、その時に及ぼうと欲しなくてはならない。

◆「機」を観る

躍龍の時中は「あるいは躍りて淵に在り」と書かれています。これは一言でいえば「機を観る」ということです。つまり、躍龍は飛龍になる寸前の時なので、ここから飛龍に向けて跳躍するために機をうかがうという段階にあります。

躍龍の時中にある「あるいは躍りて」とは飛龍になるためのシミュレーションであり、また「淵に在り」の淵とは潜龍の淵を意味しています。潜龍の時、あの認められない時代に打ち立てた確乎不抜の志に立ち返り、ブレはないか変容していないかを確認しメンテナンスをして、そこから飛龍へと羽ばたいていくという意味です。

つまり大きく飛躍するために、底深く身を縮めなければなりません。できるだけ身をかがめて潜龍時代の志を疑似体験することです。自分自身の心の中で潜龍時代を忘れてはならないわけです。そして準備に準備を重ねて、機を観て飛龍になっていきます。

別の表現をすれば、躍龍は完成直前の状態にあります。ある一定の量が積み重なって、その一定の量を超えた瞬間に量質転換の法則によって飛龍になります。躍龍は「今がその時か」と、じっと時を観ている状態です。

そこで文言伝に「君子は徳を進め業を修む」と、いつ飛龍になってもいいように、その時がいつ満ちてもいいように、準備を怠りなくすることの大切さが示されています。

◆志をメンテナンスする時

躍龍の時代は大胆に躍るのですが、空中に一瞬躍って飛龍の真似事をしてみて、そして淵に沈みます。それは潜龍の時代に打ち立てた志と、今にも飛龍にならんとする自分の志が違っていないかどうかを確認するためです。

潜龍の時代に打ち立てた志がしぼんでいないか、変容していないかを確かめるため、飛龍のように躍り、潜龍の淵に潜るのです。

つまり、躍龍の時代とは、潜龍の志をもう一度振り返り、そして志のメンテナンスをする時なのです。飛龍の真似事ではあるけれども、本番さながらに緊張感を持って躍りながらも、一方では「これでいいのか、志は曲がっていないだろうか、今の自分の志は大丈夫だろうか」というように、志のメンテナンスをすることが大切であるといっています。

◆躍龍はゆらぎの中で「機」を観て飛龍となる

この躍龍の段階から、時は不思議な変化が始まります。たとえば身体の気のツボを押すと、それまで滞っていたものが一気に開けていくように、この時にはいろいろなことが急に展開し始めます。

この際に、最初の話はそのままうまく展開するのではなく、必ず一度目の決まりかけていた良い話は壊れることになります。ある程度の青写真ができているので、その話がなくなるのは辛いことです。しかし一度は真剣に青写真をつくったというので、躍龍には新しい世界が広がるようになります。そして次には、最初の話は壊れることが必然であったと思われるほど、後からきた話は志にぴったりと当てはまります。そしてもっといいものにまとまって、理想的な状態に仕上がっていくようになります。

あるものは閉じて、あるものは開いてという開閉が忙しく起き始めるのが躍龍の時です。いうなれば、三歩進んで二歩下がるといった現象が起きるということです。そういう意味ではとても忙しく、間髪を入れぬ判断をしなければならない項目が次々と起こってきます。

躍龍の時は、飛龍に向けてのシミュレーションをしますので、跳躍したり、淵に落ちたりという上下のダイナミックな動きがあります。それは急激な動きと展開が始まりますから、その兆しをひしひしと感じる時でもあります。

潜龍であれば淵にいて、じっとしているわけですから、動きがありません。見龍は見る力をつける、基本をつくる時ですから、これも動きはありません。乾惕も、繰り返し反復して継続するという動きがあるけれども、それは基本からプロになるための技を創出するためのもので、動きはないのです。

飛龍は大空を駆けめぐる動きはありますが、空中を飛翔していますので、躍龍のように一瞬躍ったり一瞬沈んだりという上下にわたる動きではありません。

ところが躍龍はいつでも動けるように準備していなくてはならないのです。そのために、上へ行ったり下へ行ったりして時を待っているのです。構えのない構え、不安定の安定というゆらぎの時なのです。

躍龍の時は、準備万端、いつでもスイッチが入る態勢をとる時です。すべての意味で安定、固定して、安住に構えていたら、兆しを観ても即座に飛び立てません。考えも行動も、感情もしかりです。機を観る目は、不安定の中で安定します。ゆらぎの中でしか観えてこないのです。

躍龍は跳躍の試みを続けているうちに観る目が研ぎ澄まされ、自分が飛龍になることを察知して、それをだんだんと肌で感じるようになります。

まず兆しを観て準備する。そうすればチャンスの追い風が来た時に、機を捉えて、追い風に押されるようにして一気に飛龍になります。

飛龍の時代　雲を呼び天を悠々と翔けめぐる

◆驚異的に発展していく時

淵に降りて潜龍の志を持ち、機を観て跳躍した躍龍は大空に舞い上がり、「飛龍」の段階に進んでいきます。

飛龍は、潜龍から躍龍までの段階における修養を積んできました。それは飛龍が確乎不抜の志を持って、雲と共に大空を翔けめぐり、この世の中に恵みの雨を降らせるためでした。

飛龍の段階は、見事という以上に驚異的に発展していく時です。


「乾は元いに亨る。貞に利ろし。象に曰く、大いなるかな乾元、万物資りて始む。すなわち天を統ぶ。雲行き雨施して、品物形を流く。大いに終始を明らかにし、六位時になる。時に六龍に乗じ、もって天を御す。乾道変化して、おのおの性命を正しくし、大和を保合するは、すなわち利貞なり。庶物に首出して、万物咸く寧し。象に曰く、天行は健なり。君子もって自ら彊めて息まず」


（訳）天の大きな働きは、健やかで止むことなく、万事に通じて物事を発展、成長させる。

大いなる天の働きは積極、剛健に進む。それによって、万物が育ち、物事が始まる。それは、天道が地上を統べ治めていくからだ。雲が行くところ雨を降らせ、地上の生きとし生けるもの、一品、一品を形づくる。

春夏秋冬がめぐることで万物の始まりと終わりが明らかになる。ここでは、この終始を六段階の龍の成長過程と共に、表している。天の循環の法則に従って修養することで、世の中を統べ治める役割を果たすことが可能になる。

また、天の働きによって、人も物事もそれぞれに与えられた役目を果たして生きることで世の中の調和が成り立つ。生きて、成長していく力は、人間のどんな能力にも突出して優れたものである。この天の働きによって、個々の人間、動植物は生かし生かされ、あらゆる世は天の働きによって安らかに営むことができる。

天の行く道は健やかに成長する。君子はこれに倣い、自ら努め励んでいく。

◆「乾為天」の卦辞が示す飛龍の役割

「乾為天」の最初に書かれているこの部分を卦辞といいます。つまり「乾為天」という卦の全体的な動きや働きが書かれています。そして「飛龍」こそ、この卦の内容をつぶさに具現しているのです。したがって、飛龍を学ぶためには、この卦辞に書かれた「乾為天」という「時」の動きや働きを知らなければなりません。

乾為天における時中は「乾は元いに亨る。貞に利ろし」という最初の言葉です。漢文では「乾、元亨。利貞」の五文字です。「元いに亨る」とは「素晴らしく伸び栄えて通る、通じる」ことであり、「元」は「始まり」という意味もあります。「亨」は「発展する」、「貞」には「固い」という意味もあります。すなわち正しいことを固く守っていくのが「貞」です。

その正しいことというのは潜龍の志を示しています。したがって、潜龍の志という指針に照らして正しい判断をしなければなりません。「貞に利ろし」が成り立たなければ、どれほどこの世で成功したとしても飛龍の役割ではありません。

「乾為天」はそれを繰り返し強調しています。言うなれば易経全体が教えている大きなテーマでもあるでしょう。

また「乾は元いに亨る。貞に利ろし」という時中を別の言い方にすれば、「乾、元亨。利貞」の「元」が春で、「亨」は夏の勢いよく伸びていくさまにもとれます。そして「利貞」の「利」は秋の刈り入れにあたり、「貞」は固く蔵に蔵すとして季節でいえば冬に当てはめることができます。

これは物事が始まって発展し（春夏）、成熟して元に戻って（秋冬）、それを繰り返し、繰り返し循環していく力を発揮するという意味にもなっています。

それらすべてを具現しているのが飛龍なのです。そして、九五の爻辞(こうじ)こそは、その飛龍の時代にどのようなことが起きてくるかを表しています。

「(九五) 飛龍天に在り、大人を見るに利ろし。象に曰く、飛龍天に在りとは、大人の造(しわざ)なるなり」

(訳) 飛龍は天に在って、雲を呼び、雨を降らせて万物を養う。能力を発揮し続けるために、周りの人、物、事に学びなさい。

「九五に曰く、飛龍天に在り、大人を見るに利ろしとは、何の謂ぞや。子曰く、同声あい応じ、同気あい求む。水は湿に流れ、火は燥に就(つ)く。雲は龍に従い、風は虎に従う。聖人作(おこ)りて万物観(み)る。天に本づくものは上に親しみ、地に本づくものは下に親しむ。すなわちおのおのその類に従うなり」(文言伝)

(訳) 飛龍は天に在って、能力を存分に発揮するが、大人を見て学ぶがよいとは、どういうことか。
同じ声を発するものは共鳴し、同じ気を求め合って飛龍のもとに集まる。水は湿った方へ流れ、火は乾いたものに付くように、水のものである龍には雲が従い、威を奮う虎には風が従う。そして誰もが飛龍を聖人のように仰ぎ見る。生命を天から受ける動物は頭を上にして、地から受ける植物は、その根を下に張るように、みなそれぞれの類に従うのである。

◆共振共鳴する「飛龍」の時

飛龍の時は、大空を悠々と飛びます。そして雲を従えて天を自在に翔けていきます。陽が育った見事な龍の姿は、周りから称賛されるようになり、すべてが理想的に展開し始めます。飛龍が関わるとそれまで動かなかったプロジェクトも一気にうまくいくようになります。

この時は勝ち将軍のように、何をやっても上手(うま)くいき、やることなすことすべてがピタッとはまっていきます。期待した以上の成果が出て、人も物もお金もすべてが飛龍を中心に動き始めます。いろいろな良い話が向こうから飛び込んできて、それらすべてが飛龍の下に集まってくるようになるのです。それはまるで自分が宇宙の中心になったかのような錯覚を覚えるほどです。

すべてがうまくいく飛龍の時は、非常に能力のある人たちや力のある人たちを同志として統率しながら働かせて大きな循環を巻き起こします。それが文言伝に書かれている「同声あい応じ、同気あい求む」というものです。

これは心理学者のカール・グスタフ・ユングの提唱した「シンクロニシティ（共時性）」と同じ概念であるといってよいでしょう。シンクロニシティとは、心で感じたこと、思ったことと外部の出来事が、あたかも因果的な関係があるかのように、共振共鳴して、意味をなすことをいいます。

飛龍の時は、それが偶然ではなく、ある方向性をもってさまざまな出来事が必然のように重なってきます。たとえば、事業について考えている時に、雑誌や本の中から重要なヒントを得たり、その事業に関連する人と出会い、とても大切な情報が得られたりすることが頻繁に起こってきます。このように不思議な偶然の一致が次々と重なってゆく体験をするのが飛龍の時なのです。

ちなみにユングはシンクロニシティの仮説を立ててから、易経に学ぶことを通じてその考えがまちがいでないことを確信したといわれています。

◆「時」の不思議な魔法

面白いことに、飛龍になり始めの頃は慣れていないために、自分がこんなにうまくいくわけがないので、これは周囲で支えてくれている皆のお陰だと感謝します。しかし、しばらくすると自分が特別な人間に思えてきます。今まで動かなかったプロジェクトが、自分が絡むとスッと動き出すのですから。

実は、飛龍における秋の実りは、本当は冬の準備と春の種蒔き、そして夏の成長があってのこと。秋の実りという「時」の魔法によって飛龍の成功があると思わなければなりません。ところが目の前であらゆることが成功していく姿を見てしまうと、自分が特別であると感じてしまいます。特別な守護神がついているだとか、宇宙の根っ子の中心とつながっているのではないかとか、本気で思い始めるほど、すごいことが次々と展開していくのが飛龍の時です。

私たち人間は小宇宙なので、宇宙とつながっているという感覚はとても大切なものです。しかし飛龍の時に感じる特別感はまったく別物です。必要な時に必要な物が努力をしなくてもすべて手に入るという感覚です。これが飛龍の特徴です。

◆飛龍となったリーダーの落とし穴

飛龍となれば、圧倒的に心地よい時間がしばらく続くので、それが当たり前になり、自分だけが特別であると感じてしまいがちです。それは愚かな飛龍だからというのではなく、優秀な飛龍にこそ起こることです。そして困ったことに周りの人たちが本気で称賛してくれるので、それが当たり前になってしまうのです。

それで誉められて当たり前、誉めない者へは否定的な態度をとるようになってしまうとなったら危険です。昔のことをよく知る友達まで誉めるようになってきたら要注意です。耳の痛い話を遠ざけるようになったら飛龍の時は終わります。

龍に象徴される「陽」の性質は、勝って、勝って、勝ち続けたくなることに特徴があります。飛龍はもっとも陽が強くなっているので、ありとあらゆることに勝ちたくなるものです。大自然の変化はゆるやかですが、人間が陽として強くなると、もっともっともっと勝ちたくなる衝動が起きてきます。

飛龍は本来、雲のあるところを悠々と翔けめぐる龍です。しかし、もっと上へとなれば悠々と翔けめぐるのではなく、雲を突き抜けていくことになります。

乗馬の経験や競馬を見たことがある人はよくわかると思いますが、馬が気持ちよく走っている時は頭が下がっていて脚がよく伸びています。馬は悠々とリラックスして走っている時は疲れません。

「拍車」という靴のかかとにつける金属製の馬具があります。これで馬の腹を蹴って刺激し、馬への前進合図を伝えます。それによって速度を加減することができるのですが、鞭や拍車で無理矢理に走らせようとすれば馬の首が上がってきて、脚が伸びずに縮まってきます。

これは人間も同じです。たとえば馬を走らせている人をリーダーとすれば、馬はそのリーダーに従っている人々です。

十分にリラックスして、良い状況で経営ができているにもかかわらず、経営者の陽が強くなると「今がチャンスだ」とばかりに鞭が入ります。今のうちに稼いでおこうという気持ちが強くなって拍車をかけ続けていきます。もしリーダーである経営者がもっともっとと強くしていくと、社員メンバーがあごを出して失速するようになります。

◆共生する大自然の法則

これまで古今東西の歴史の中で多くの戦争がありました。戦争で一番困るのは大敗ですが、次に困るのは大勝であるといいます。なぜ大勝が恐ろしいのか、それは圧倒的勝利をすると兵隊や戦士たちの間に慢心が起こるからです。勝利に酔い、結束が緩み、戦いの目的が忘れ去られてしまいます。そして外に敵がいなくなったために、内紛が起き始めて内部から組織が崩壊していくことになります。これは変化の法則なのです。

大自然もまた同じように、共存共栄で支え合う関係と、弱肉強食という敵対関係がバランスしているといわれています。たとえば植物の蜜を吸い、花粉を運ぶ昆虫は共生関係にあります。しかし昆虫は鳥に食べられてしまうという敵対関係にあります。こうした生物同士の関係がバランスして生態系が維持されています。どちらかに傾くと特定の何かが異常に増えたり、そのまま回復せずに絶滅してしまう恐れも出てきたりします。大自然の安定は、生態系の不安定さの中にこそあるといえるのです。

私たち人間も同じように、陽が圧倒的に強くなると陰の余地がなくなります。これでは燃え尽きるまで走り続けるといった危険な状態となってしまいます。

◆「大人を見るに利ろし」の意味するものとは

飛龍の時の時中は、「飛龍天に在り、大人を見るに利ろし」です。この「大人を見るに利ろし」とは、見龍の時中でもありました。しかし見龍の時の大人と飛龍の時の大人は違います。飛龍の時は、現象面としては飛龍より上の大人はいません。むしろ周りからは大人のごとくに扱われるからです。しかし飛龍にとっての大人とは自分自身ではありません。

実は、飛龍にとっての大人とは、自分以外のすべての人であり、すべてのものであり、すべてのことなのです。大自然も大人であり、古典も大人となります。すべてのものに大人として教えてもらうことができます。他人の失敗をあざ笑うのではなく、それもまた大人であるとして学ぶべきなのです。そういう視点があれば路傍（ろぼう）の石も、潜龍でさえも飛龍にとっては大人となるのです。

潜龍の時代を思い起こしてみれば、その時は世間を知らず未熟であったかもしれないけれど、純粋に考えていたことがあり、素直に反応したことがあったのではないでしょうか。世のため人のためにに生きたいとまでは思わなくても、人が喜ぶ顔や姿を見てとても嬉しかったという経験や、本気で悩んで孤軍奮闘(こぐんふんとう)していたことなど、潜龍の時代を振り返って学ぶことは多くあると思います。

飛龍にとって「大人を見るに利ろし」とは、陽が強くなりすぎた飛龍が意識を持って陰を生じさせることでもあります。易経を知らない人にとっては、陽が強くなっていくのは当然のことのように思うかもしれませんが、陽が強くなりすぎないように意識的に陰を生じさせることが大切なのです。

そうすれば大自然が緩やかに変化するように、飛龍は亢龍に緩やかに向かっていきます。飛龍が驕り高ぶることで急激な失墜(しっつい)が起こることはなく、亢龍として緩やかに降りていくようになります。そこからまた緩やかな変化を潜龍として起こしていくこともできます。

◆幸田露伴の「惜福」に学ぶ

実は、易経を座右の書とした幸田露伴(こうだろはん)は「惜福(せきふく)」という言葉を使っています。その時の恵みをすべて使ってしまわないで、残しておいたり、人に分け与えたりして、わざと不足の部分をつくりだすことです。これこそは陰を生じさせることです。

「第一に幸福に遇う人を観ると、多くは『惜福』の工夫のある人であって、然らざる否運の人を観ると、十の八、九までは少しも惜福の工夫のない人である。福を惜む人が必ずしも福に遇うとは限るまいが、何様(どう)も惜福の工夫と福との間には関係の除き去るべからざるものがあるに相違ない。惜福とは何様いうのかというと、福を使い尽し取り尽してしまわぬをいうのである。……惜福の工夫を積んでいる人が、不思議にまた福に遇うものであり、惜福の工夫に欠けて居る人が不思議に福に遇わぬものであることは、面白い世間の現象である」

〈『努力論』幸田露伴著〈岩波文庫〉／「惜福の説」より〉

たとえば陽が強いと、いつも得をしよう、勝とうと思ってしまいます。陰を生じさせる惜福という観点からすれば、いつも得をしようとせず、人に譲ること、時には損をして満ち足りることを防ぐようにすることです。見返りを求めずに、陰を生じさせ、徳を積むことを「陰徳」といいます。

飛龍の時は、陰を生じさせることで陽の働きをより良い方向に促進させることができるのです。

亢龍の時代　驕り高ぶる龍は必ず後悔する

◆陽が窮まれば陰に転ずる

亢龍の時は必ずやってきます。新月が満月になり、満月が新月に変化していくように、陽が強くなっていく飛龍もまたその役割を終えて亢龍に向かいます。

亢龍とは驕り高ぶる龍という意味です。飛龍の時に陽の力がとても強くなっていき、驕り高ぶるようになってしまうと、飛龍は急激に傾き墜落(ついらく)していく亢龍となります。

しかし飛龍の時に、ありとあらゆるものを大人として学び、陰を生じさせていくのであれば、その飛龍は緩やかに降りていく亢龍となります。

「（上九）亢龍悔いあり。象に曰く、亢龍悔いありとは、盈つれば久しかるべからざるなり」

（訳）驕り高ぶり、昇りつめた龍は必ず後悔する。

「上九に曰く、亢龍悔ありとは、何の謂ぞや。子曰く、貴くして位なく、高くして民なく、賢人下位に在りて輔くるなし。ここをもって動きて悔あるなり」（文言伝）

（訳）亢龍に悔いがあるとは、どのような意味か。高貴に見えるが、位は持たず、高いように見えても治める民を持たず、賢人が臣下にいても、もはや助ける術がない。このような状況で、何かをなそうと行動しても、必ず悔いることになる。

亢龍はもっと高く、空を昇りつめます。そして従う雲が到達できない高みに昇ってしまったら、もはや雨を降らせて社会を循環させることができなくなります。

組織の頂点に立って傲慢になってしまえば、誰も諫言する者はいなくなってしまいます。耳の痛い諫言をする賢い部下がいても、最後にはあきらめて離れていってしまいます。それでもまだ止まらず、上へ昇ろうとすれば、正邪の判断ができなくなり、急激に地に落ちていく降り龍となってしまうとここでは教えています。

亢龍の時の時中は「亢龍悔あり」です。陽が強くなりすぎて驕り高ぶりに走らないように、驕り高ぶりがあればただちに後悔することが亢龍の時の解決策です。

したがって、陽が強くなっていくとあらゆることを独占したくなり、自分の気持ちの良いことをだけを求めるようになっていく飛龍は要注意です。

龍には逆鱗といって首に鱗があります。逆鱗にふれると怖いので雲は近づいてきません。それで周囲は心地よいことばかり言うようになり、まるで裸の王様になってしまいます。

飛龍の時には雲と共にいて、世のために雨を降らせて循環をもたらしていたにもかかわらず、驕り高ぶりの龍となれば雲が離れてしまい龍の本来の働きを失っていきます。それは大自然にとって必要がなくなるので、失墜してしまうのです。

しかし飛龍の時から陰を生じさせて、あらゆるものを大人として学び、次の後継者を育てていくと、やがて飛龍は悠々と降りていく亢龍となります。それは急激に傾いていく失墜ではありません。

◆用九　――陽の力の用い方とは

「（用九）群龍首なきを見る。吉なり。象に曰く、用九は、天徳首たるべからざるなり」

（訳）群れる龍を見ると皆、頭を雲に隠している。吉である。

本文の最後に「用九」とあります。「九」とは陽を示しているので、「用九」とは陽の用い方が書かれています。六十四卦のうち乾為天と坤為地にのみ最後に用いるという条項が書かれているのです。乾為天は龍の物語なので、龍としての自分に対する時中であると思ってください。

用九には「群龍首なきを見る。吉なり。象に曰く、用九は、天徳首たるべからざるなり」と書かれています。この陽の用い方というのは、陰を生じさせる方法を示しています。つまり自分が龍として陽が強くなっていれば、「天徳首たるべからざるなり」と書かれているように、決して自分が頭になろうとしてはいけないという意味です。

また「群龍首なきを見る」の群龍とは文字通り龍の群れていることで、優秀な龍たちがお互いを食い合ってしまうのではなく、必ずしも先頭に立たなくてもよいという考え方が大切であるというのです。もしトップに立ったのならそれでもいいけれど、いつも一番でなければならないと言って、そのために手段を選ばない、他を蹴落としてでも、ということはいけません。

逆にもしトップに立ったならその下の人たちを育てなさいと。一番になるために他の人たちを潰そうとしてはいけません。同じ志を持って一緒に伸びていこうというのであれば、よきライバルはとてもいい存在です。そのライバルをなんとかして殺して一番になろうとしてはならないということです。

◆いつも潜龍元年

飛龍には、雲を呼び、雨を降らせて大地に命を育むという、世の中を善くするための一大循環を起こす力が与えられています。その陽の力は飛龍に与えられているものので、決して自分の力として誇るべきものではありません。飛龍が陽の力を発揮するのはあくまでも陽の力のない人のためです。

陽における全体的な時中は、「先に立たず、頭を出そうとせず、いつも勝つと思わない」ことです。もしあまりにうまく行き過ぎている時、それは陽が強まった時なので、その時は具体的に工夫して陰を生じさせてください。その最たるものが後継者を養成することです。後継者を養成するということは大きく陰を生じさせることです。

積極的に自分のライバルをつくり、人を育てることは大きく陰を生じさせます。そのためにいろいろな工夫をすることです。

龍の物語は始まりは潜龍ですが、潜龍は用いてはなりません。まだ陽が弱い潜龍を大切に育ててください。もっといえば、自分の潜龍の時代を思い出してみることです。必ずその時の潜龍に習い学ぶことができるはずです。

私は潜龍から亢龍までの龍の物語の中で、一番好きなのが潜龍です。今から四十年近く前になりますが、潜龍の素晴らしさに気がついた時、「潜龍元年」という言葉をつくりました。確乎不抜の潜龍の志に立ち返るために、「いつも潜龍元年」と心のうちに語りかけています。

第三章

坤為地　地の法則

――大地と牝馬に学ぶ大自然の智慧

大地に学ぶ大自然の智慧

◆大地の働きに学ぶ

易経は、天の法則を説く時は大自然である天にならい、地の法則を説く時は大自然である大地の働きに学びなさいと教えています。易経は陰陽によって成り立っているので、すべてが陽からなる「乾為天」と、すべてが陰からなる「坤為地」という二つの卦は、易経六十四卦の中で最も基本的で代表的なものとなります。

前章の乾為天は帝王学の基となる龍の物語で、天の法則に学ぶ「リーダーのための易経」でした。そして本章の坤為地は、地の法則に学ぶ「みんなの易経」ということになります。この坤為地は、そんなに難解なものではありません。おそらくは乾為天の龍の物語よりももっと具体的に自分の生き方に引きつけて理解できるものと思います。

坤為地はすべてが陰の爻でできた純陰の卦です。坤為地は「したがい、受け容れる時」を示しています。大地の働きを象徴するこの卦は、天より注がれる太陽の光と雨などのすべてを母なる大地として受け容れます。そうして地上の万物を生み育て、形あるものにするという、大地の働きについて学ぶべきことが書かれています。

実は、陰と陽という視点からすると、乾為天の龍の物語は陽の象徴なのでイメージはしやすいのです。乾為天によれば、「君子たる龍は、地の底に潜む潜龍から田に出てきた見龍に成長し、乾惕、躍龍というようにいろいろなプロセスを経て、やがて天空を自由に翔けめぐる飛龍となり、慈雨を降らして大いなる自然を循環させる。やがて陽が強くなりすぎると驕り高ぶりが生じてついには亢龍となり、行き場を失って落ちてしまう」というように、陽の象徴である龍の物語はイメージをありありと描くことができます。

ところが陰の象徴としての大地については、地上にあるものすべては具体的に目に飛び込んできて見えるのですが、大地の働きは奥深く一見しても見えません。それで物事をよく洞察して、大地がどのような働きをしているのかを察知し、推測することによって学びなさいと教えています。

◆人間と馬との関係

さて、乾為天に龍が登場したように、坤為地では牝馬（メス）が登場します。馬は丈夫で疲れず、どこまでも地の道を歩いていきます。特に牝馬は牡馬（オス）よりもおとなしく、いったん人に馴れると徹底して従うようになります。

ここで少しだけ、人間と馬との関係、牝馬と牡馬の違いについて紹介しておきたいと思います。

人間と馬の歴史は長く、馬は大昔から人々の暮らしのかけがえのないパートナーとして共に生きてきました。馬は約五千年前から家畜化されるようになり、農耕や交通、輸送などのさまざまな役割を担ってきました。日本においても乗馬の風習や馬具が伝わったのは四世紀末から五世紀の初頭の頃とされています。こうして人と馬とのコミュニケーションは長き歴史を積み上げてきました。

農耕器具や電車、自動車などの文明が発達することによって、私たちの暮らしから馬と触れる機会は少なくなってしまいました。現代社会において私たちが馬とのコミュニケーションを体験できるのは乗馬クラブや動物園での触れ合い、または観光乗馬などの機会に限られています。

そこで乗馬の経験のある人はよくわかると思いますが、初めて馬にまたがると、まず馬の背が高いので馬上からの視野の高さに驚きます。特に高所恐怖症の人などは恐怖感を感じるほどの高い視野があります。

観光乗馬などではインストラクターがついているので、馬はそのまま言うことを聞いて歩いてくれます。ところが乗馬クラブなどで、初めて乗馬の体験をしてみると、指導員がちょっと離れると、中にはサボる馬もいて、ピタッと止まって動かなくなります。それで指導員から「脚（きゃく）を使って馬の腹をポンと蹴りなさい」と言われて、自分の脚（きゃく）で蹴っても馬は知らん顔して全然動いてくれません。さらに「鞭（べん）」を使いなさいと言われて鞭を当てようとします。慣れている人はピシッと当てますが、初めての人は不安と共にやさしく当てるので、馬はフンという顔をして全然言うことを聞いてくれません。

馬は人をよくわかっていて、乗馬のベテランが近づいてきた段階で「あっ、慣れているのがきたな」と思います。そして鞍にまたがった瞬間に「あっ、この人は乗れるから言うことを聞かなきゃ」と判断します。するとほんのちょっとした合図を送るだけでそのとおりに進みます。止まる時も強く手綱を引っ張らなくても、軽い合図で止まります。特に乗馬クラブなどでは、馬は騎乗（きじょう）した人の言うことを聞くように調教され、訓練されているからです。

◆牝馬と牡馬の違い

馬はもともと素直に騎乗する人の言うことに聞き従う動物です。ただし人と馬との間には細やかなコミュニケーションが存在するので、騎乗した人が理不尽なこと、教えられていることと違う合図をすると馬は混乱してしまいます。

たとえば乗馬に未熟な騎乗者が馬に走れと合図して、馬が走り出した途端に騎乗者が恐怖心を抱きバランスを崩し、思わず手綱（たづな）を引いてしまうことがあります。それを馬はブレーキの合図と受け取って、走るのか止まるのかがわからずに混乱してしまいます。

また騎乗者が右に行きたい時に、間違えて左に行けという合図をしてしまうと馬はその合図に従って左に行こうとします。しかし騎乗者は右に行きたい。この騎乗者が多少なりとも慣れている人で、「なぜ俺の言うことを聞かないんだ」と脚（きゃく）で強く蹴り、手綱を締め上げて、鞭（べん）でビシバシ当てると、馬は混乱しながらも観念して騎乗している人に従います。

この時、牡馬（ぼば）と牝馬（ひんば）の違いがあります。牡馬は「この人の言うことを聞かないと痛い目にあう」と観念して従うようになります。しかし牝馬は、その場では牡馬と同じように言うことを聞きますが、騎乗者の理不尽な仕打ちをいつまでも覚えています。陰陽で見た時、牝馬は陰で牡馬は陽です。もともと牝馬は牡馬よりも素直で、力のある人間に対しても聞き従いますが、理不尽さは必ず覚えていて、忘れた頃に仇を取るかのように仕返しをします。たとえばその騎乗者の隙をついて急に走り出したり、突然後ろ足を蹴り上げたり意地悪をするのです。

牝馬が牡馬に比べて扱いにくいといわれるのも、繊細でわがままでしぶとく、反抗心が強く、多少のことでは観念しないからなのでしょう。しかし一度人を信頼して馴れたら、どこまでも一生懸命に働きます。

繰り返しになりますが、馬は動物の中で最も人間に馴れて、しかもよく働きます。そして地球上のどこまでも人間に従って歩いていきます。走れと言ったら走ります。馬はある意味、車よりも優れていて、川も渡るし、どのような険しい坂道も上がっていくし、急な下り坂も下りていきます。人を乗せて険しい山道でも、どこまでも運んでくれます。また農耕馬になったら農業の手伝いをとことんやってくれます。馬は人間の生活に最もとけ込んでいる動物でした。ペットではなく、一緒に働いてくれて、人ができない仕事をどこまでもやってくれました。

そして牡馬に比べて牝馬はとことんやさしく、従順でやわらかく、どんなことでも言うことを聞いて、よく働いてくれます。易経がわざわざ牝馬をたとえにしたゆえんです。

「坤為地」の時中として「牝馬のように従順に従うならば、その時は大いに通っていく」と書かれているのは、このように天の働きを徹底して受け容れ、従うという大地の働きを牝馬が象徴しているからなのです。

◆大自然の天地の法則に学ぶ

人と馬との関係を牝馬に喩えたのですが、人と馬を陰陽で見た時には人が陽で、馬は陰にあたります。これをもう少し拡大して企業や組織として見れば、経営者は陽で従業員は陰にあたります。さらに広げて大自然と人間の関係は、大自然は陽で人間は陰にあたります。

そのように考えてみると、乾為天の龍の物語は天（陽）の法則であり、坤為地の牝馬の物語は地（陰）の法則となります。

私たちは天地の法則に従わなければ生きていけません。それで易経は天地の法則に従い、大自然にならいなさいと教えています。

企業や組織に責任を持つ経営者は天の法則に従うと共に、地の法則を知って学び従うことで、乗馬でいう鞍上人なく鞍下馬なし、人馬一体となるように経営者と従業員が一体となって目指す世界を実現していくことが大切であると思います。

リーダーたる者の役割と使命

◆すべてを受け容れ、従順に従う

さて、「坤為地」の「坤」とは従い受け容れることを意味しています。そして上卦も下卦も「地」の卦となっています。つまり「地」が二つ重なった卦であり、大地の働きを説いています。天は太陽をめぐらせ、日差しと雨を限りなく与え、大地はそのすべてを限りなく受容し、従います。これによって大地は、万物を生み出し、豊かに養い育てているのです。

それではこれから「坤為地」の本文を読み解いてまいりましょう。

「坤は元いに亨る。牝馬の貞に利ろし。君子往くところあるに、先つときは迷い、後るるときは主を得。西南には朋を得、東北には朋を喪うに利ろし。貞に安んずれば吉。象に曰く、至れるかな坤元、万物資りて生ず。すなわち順いて天を承く。坤は厚くして物を載せ、徳は无疆に合し、含弘光大にして、品物咸く亨る。牝馬は地の類なり、地を行くこと疆なし。柔順利貞は、君子の行うところなり。先だつときは迷いて道を失い、後るるときは順にして常を得。西南には朋を得とは、すなわち類と行くなり。東北には朋を喪うとは、すなわち終には慶あるなり。貞に安んずるの吉は、地の无疆に応ずるなり。象に曰く、地勢は坤なり。君子もって徳を厚くして物を載す」

（意訳）大地の働きにならって、従順に受け容れ、従っていくならば、物事は正しく、健やかに大きく循環していく。

陰の道は妻の道、臣下の道といわれる。従順な牝馬のように、自分のやるべきことを淡々と行い、どこまでも歩いていくならば、主を得て、自分が進むべき道を見出して、生きがいを得るだろう。

先頭に立とうとすれば道に迷って失敗する。進むべき道がわからない時は、遅れてついていくことで、道は開ける。従う立場というのは苦しいこともある。行き詰まり、耐え難い時、自分が自由でないと感じた時は、大地の働きに学ぶといい。大地の徳は素晴らしいものだ。ここからすべてのものは生まれる。大地は天の気をなんの抵抗もなくゆったりと受け容れ、地上に万物を載せて、その重みに軽々と耐えている。地は限りなく広大で、どんなものでも受け容れて生かし、ありとあらゆる形あるものを生み育てていくパワーを持っている。徹底して受け容れ、従うという陰の力を積極的に発揮したならば、人としての厚み、大きな度量が育っていく。

◆牝馬に学ぶ

坤為地の時中（じちゅう）は「坤は元いに亨る。牝馬の貞に利ろし」です。これが最も古い時代の言葉で、そのあとの文章は後から書き加えられた解説となります。

前章で紹介した「乾為天」の時中は「乾（けん）は元（おお）いに亨（とお）る。貞に利（よ）ろし」であり、漢文の文字だけで見れば「乾元亨。利貞」の五文字で書かれています。同じように「坤為地」の時中には牝馬が加わっているだけで、漢文では「坤元亨。牝馬利貞」と書かれています。

乾為天の卦は龍の時であり、大いにこの世の中を循環させて、大いなる恵みをもたらします。すなわち龍が雲を呼んで雨を降らせるのに倣って、私たち人間もリーダーの位についたならば、大いなる雨を降らせて社会を循環させること、それが乾為天の時のリーダーたるものの役割と使命というものでした。

そして坤為地は陰の時であり、従順に従う時であるために、大地を走る牝馬にたとえて書かれています。前述したように、牝馬は乗る人がきちんとした合図、信号を送らなければ動いてくれません。それを無理矢理に動かそうとすると牝馬は反抗して絶対に言うことを聞きません。その場では言うことを聞いたように見えても、忘れた頃にしっぺ返しをするのが牝馬です。しかし一度人を信頼すると素直さを持ってどこまでも従順に従い、百パーセントの能力を発揮するのが牝馬の本来の姿です。

夫婦喧嘩が起きた時の第一の対処法は、とりあえず夫が謝ることでスムーズに解決します。たとえ夫が正しくても、です。夫が論理で説明しようとすればするほど、妻は怒ります。昔のことまで延々とさかのぼって不満が爆発します。

夫が「自分が悪かった！」と謝ったなら、妻は機嫌を直してやさしくなります。しばらくしてから「いや、あの時、言おうとしたのはね」と、夫が穏やかに話せば、「なんだ、そういうことだったのね、わかったわ」と妻は言うでしょう。

これは一つのたとえ話ですが、夫婦の信頼関係を保つための秘訣です。牝馬は反抗心も強いですが、信頼する人にはとことん従い、支えます。

また企業の経営者が「俺は会社の経営者だ。だから社員は俺の言うことを聞いて働くのは当然だ。私が給料をやっているんだから」というのは、社員には通じません。ある経営者が「うちの社員はちっとも働かない」と嘆いていましたが、それもまったく違います。経営者が経営者としての役割、務めをきちんと果たしていないことが問題です。

牝馬のたとえのように、正しい姿勢で鞍の上に座っていないから問題が起こるのと同じく、経営者が社員へとしっかりとした合図や信号を送っていないから企業の問題が起こるのだと、坤為地の卦は教えてくれています。

◆郷に入れば郷に従う

「君子往くところあるに、先つときは迷い、後るるときは主を得。西南には朋を得、東北には朋を喪うに利ろし」

ここで「君子往くところあるに」とは、坤為地という従順に従う時を迎えた君子のことです。そして「先つときは迷い、後るるときは主を得」とは、新しい時を迎えたなら君子であっても水先案内人が必要だという意味です。

たとえば社長、あるいは支社長が新しい会社に出向した時など、出向先の新しい環境にあるルールやしきたりにまずは従わなければなりません。新しい時を迎えたのであれば、それは龍の物語に照らし合わせれば「潜龍」の時ですし、これは坤為地という時として、時に従い、時にならうことが必要です。「郷に入っては郷に従え」という諺があるように、新しい環境でのスタートは、最初から一方的に自分の考えを周囲に押しつけることのないように注意をすべきであるという教訓が示されています。

新しい環境でスタートする時は、まずは新しい場所のやり方を学ばなくてはなりません。これまでリーダーとして優れた業績を挙げてきたとか、トップクラスの店を作り上げてきたとしても、新しい会社やお店に配属された時は、まずそこがどのような土地であるのかを知ることから始めるべきです。

どんなに能力のある人でもその土地のこと、その環境、風土などを知らなければ安全に暮らしてはいけません。新しい土地に行ったら地図とナビゲーターが必要となります。

古代において、まったく知らない土地に行ったら、王様でもその土地の習いを知らなくてはならず、王様が「自分は従う立場ではない」と言って従わなければ必ず挫折し、失敗するというのは歴史が繰り返し証明しています。

たとえばワンダーフォーゲル部の優秀なリーダーや登山の上級者であれば、山に入って雨が降ってきたとしても東西南北がわかります。樹木や樹木の枝の状態、ちょっと幹に傷をつけただけですぐにわかるし、そのようなことをしなくてもどちらに樹木が伸びているかなどでいろいろと知る方法があります。ワンゲル部の主将や登山をやってきた人たちは、山で迷った時に東西南北を知るための知恵を持っています。

しかしそのような人たちもアスファルトの上では、地図がなければ位置と方角はわかりません。まったく新しい未知の世界に行ったら、地図なしで「さあ、こっちについてこい」と言っても、よほどの偶然がないかぎり失敗するでしょう。
すなわち未知の世界に行く時は、先頭に立つのではなく必ず案内人が必要だということです。だからこそ正しい案内人につくことが大切なのであり、間違った案内人についたらアウトなのです。映画にもなった「八甲田山」の悲劇や「剱岳」の初登頂成功にも、やはり案内人が大きな鍵を握っていました。

大自然は天の力、人間は大地の地

◆西南には朋を得、東北には朋を喪う

この方位図を見ていただくと、ここには父、少女、中女、長男、長女、中男、少男、母とが記されています。このそれぞれが、乾、兌、離、震、巽、坎、艮、坤の八卦に対応し、西北、西、南、東、東南、北、東北、西南の八方向に配置されています。

そこで「西南には朋を得、東北には朋を喪うに利ろし」とあるのは、たとえば夫の実家に嫁いでいく妻の話そのものです。つまりお嫁さんの嫁ぎ先は東北で、お嫁さん

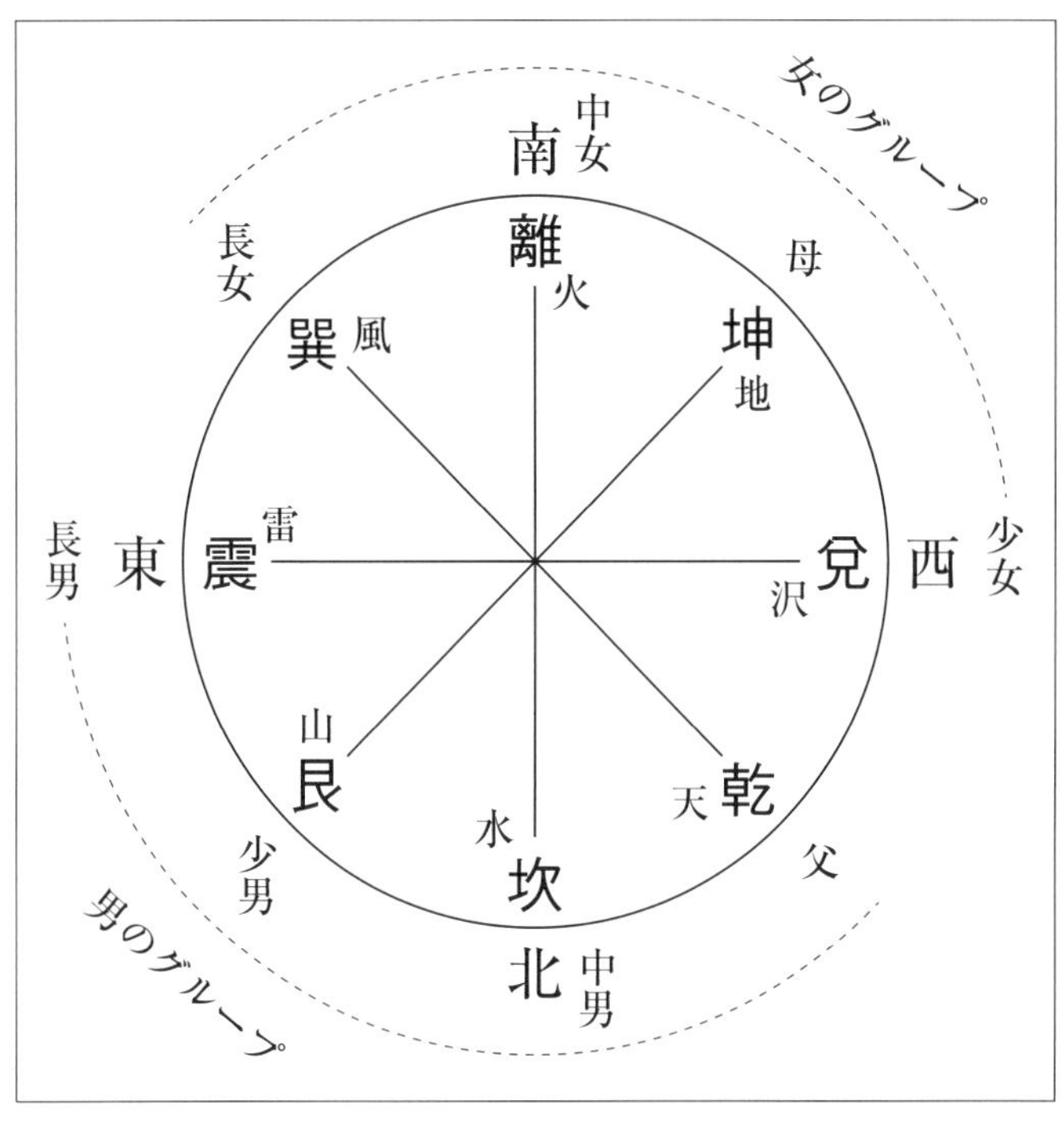

易卦後天図

の実家は西南を示しているというのです。

太陽の運行上にある西南は暖かく、お嫁さんにとっては居心地のよい実家を象徴しています。家族に温かく守られて過ごしていたところから、新しく夫の家に嫁いでいくのは当初は不安で寂しくもあります。

そこでお嫁さんは、寒い東北に象徴される夫の実家で姑に仕えながら、何もかも新しい家のしきたりを学び従うことになります。だから嫁ぐという字は女の家と書くのです。これは夫の家の住人となり、夫の家族になるということです。夫の家の暮らし方、お金の使い方、料理の味、等々その家の行き方があり、価値観があります。その家のものの考え方や基準があるので、まずはそれを知って、学んで、自分がそこに溶け込まなければなりません。最初は大変です。とても気を遣って、新しいことだらけで疲れてしまいます。そのストレスたるや大変なものです。

さて、友という字には二種類あります。月が二つの「朋」と親友の「友」です。この「友」は心が通じ合うだけではなく、志も通じ合います。

月の「朋」は、もともとは幼友達や一緒に育った仲間としての同朋という意味があります。それで「西南に朋を得、東北に朋を喪うに利ろし」と書かれているように、太陽が昇って沈んでいく西南は、幼い頃からの家族や友達がいてくれる楽な道であるというのです。

たまに実家に帰ると羽を伸ばすことができます。母親が「たまに帰ってきたのだから、その辺で寝てらっしゃい」と言うかもしれません。あるお嫁さんは洗濯物を実家にまで持って帰るという話も聞きました。アイロンがけが面倒なのだそうです。実家に帰ると、姑も舅や夫も見ていないので好きなようにできます。その時の気分はすごく楽しくて気楽に過ごすことができます。

お嫁さんが西南に行って朋を得るというのは、このように実家に帰って、一緒に育ってきた姉妹としょっちゅう会ったり、一緒に馴れ親しんだ自分の女友達と過ごしたりすることといえるでしょう。

東北は逆のコースなので、新しい家族や土地に慣れるまでは難しくストレスの溜まる道で、これまでの気楽な人間関係を喪っていくことに利があるといいます。これは西南に対して逆な話であり、図を見ると男のグループ、夫のグループを表しています。

東北というのは、結婚する前の人間関係ではなく、結婚した後の人間関係というようにも読み取ることもできます。これはお嫁さんだけではなく、男の人が新しく転職したとか出向を命じられたというように、まったく違うところに仕事先が変わった場合も同じだというのです。

そして「従う時」を迎えた時も同じであって、過去にしがみついてはいけないと言っています。過去の栄光にしがみつくな、過去の業績に頼るな、そして過去に自分が成し遂げたことを自慢するなということでもあります。

お嫁さんが嫁ぎ先に行って、「実家ではこういうやり方をした」「うちの母はこういうやり方をした」「うちの父はこういう価値観で必ずこういう時にはこの道を選んだ」と主張することは、西南に朋を得ることと同じであるというのです。

男の人が新しい会社に就職して、または新しい土地に行って、「前の会社はこういうやり方だった」「ここに来る前はこういうやり方でこれだけの実績を挙げた」「過去にこれだけの実績がある」と言ったらどうなるでしょう。過去の業績や過去に成し遂げた自分の栄誉、過去のすごく楽しかった時、それを懐かしんでそのやり方をすればうまくいくはずと思っても、それをやろうとすると必ず失敗するといいます。先ずは新しい環境やその場の人々に従うこと。そして慣習に学ぶことが大切です。

「迷う」というのは、新しい土地で方向性を間違えるということです。地図の逆を行くことになるのと一緒であるといっています。

だからこそ、いち早く嫁ぎ先に馴染むことにより、過去の気楽な家族や友達を懐かしんでぬるま湯につかることなく、新しい土地で新しい環境に学ぶ、その土地のやり方を習得すべきだというのです。そうすれば「貞に安んずれば吉」とあるように、必ずものになると書かれています。

お嫁さんのたとえにもどってみると、新婚当初は夫にとって妻は初々しく控えめに従って新しい生活が始まります。そして子どもができると女性は母となり、だんだんと強くなります。家計や小遣いなども妻がコントロールするようになり、やがて中年になった頃に妻はお母さんとして家にドッシリかまえて、その存在感は増していきます。そうなると夫婦喧嘩をしても、その時にはすでに子どもたちは妻の味方になり、夫の主張は説得力を失ってしまいます。

これは妻が夫の座に取って代わっているわけではなく、妻として、母として、しっかり家を守り、夫に従った結果としての姿といえるでしょう。

これこそ「東北には朋を喪うとは、すなわち終には慶あるなり」とあるように、嫁として徹底的に受け容れ従うことができたなら、立場に変わりがなくても、夫や家族にとっても、なくてはならない存在になるということです。

◆徹底して天に順う

次に「至れるかな坤元、万物資りて生ず。すなわち順いて天を承く」と書かれています。すべてのものがここから生まれたという意味で、これが「資生堂」の社名の由来となりましたし、また天に順うというので「順天堂」の名の由来となりました。

資生堂はこの「万物資生」の意味を込めて日本初の民間洋風調剤薬局を創業し、やがて化粧品業界へと本格的に進んでいきました。女性に象徴される陰の徳は美徳であることからも、資生堂の新しい美の文化を創造する事業展開は必然であったと思います。

順天堂の「順天」は、易経にある「順天応人（天の意思に順い、人々の期待に応える）」と、孟子の言葉の「順天者存 逆天者亡（自然の摂理に順うものは存続して栄え、天の理法に逆らうものは亡びる）」に由来します。もともとはこの「坤為地」の天の理に従うという意味にあるということです。坤は人体の腹に配置されていますが、これは漢方のお腹を表していることから漢方の順天堂という名前の意味が浮き彫りにされていて、興味深いです。

人間は大地に足をつけて自然に従って生きている存在です。いわば、人生とは生まれた時から死ぬまでが、大地にならう坤為地の時といえます。乾為天の龍の物語のように華々しい成長論とは対照的に、坤為地は峻厳（しゅんげん）な現実を目の前にして、それでも困難を克服して生き抜くための智慧を教えています。

◆万物を生育化成する大地の徳

そして「坤は厚くして物を載せ、徳は无疆に合し、含弘光大にして、品物咸（ことごと）く亨る」とあるのは、天が太陽の光と雨を降らせ、大地はそれらすべてをうけとめて万物を生育化成することを表しています。

太陽や星々は天にありますが、大地はあらゆる万物を載せています。大地の最も高いものが山で、最も低いものが谷です。そして谷よりも低いものが、谷の底を流れている川となります。

このように大地はありとあらゆるものを載せています。大地には厚みがあり、何層にも分かれていて、それが重層的な厚みとなっています。それで「坤は厚くして物を載せ」という言葉として書かれているのです。

つまり大地は雨がどれだけ降ろうが嵐がこようが、美しいもの、みにくいものを嫌がらず、一切合切(がっさい)を限りなく受け容れて、従い、万物を生み育てること、それが大地の厚みとなります。

◆大地の働きとして、陰の力が生命を生み育てる

また「品物咸く亨る」という言葉は、乾為天を振り返ると同じような言葉が書かれていることに気づきます。坤為地の「万物資りて生ず」は、乾為天では「万物資りて始む」となっています。そして坤為地の「品物咸く亨る」は、乾為天では「品物形(かたち)を流(し)く」となっているのです。

この「品物」とは生きとし生けるもののあらゆる生命のことです。つまり大地はあらゆる生命を生み育てるパワーを持っているということです

さて、陰と陽が交わることで新しい命を生じさせるという自然の原理原則がありま す。たとえば男と女が交わる時、陽である男が発して、陰である女がそれを受けとめ

ます。すると女性のお腹の中で十月十日を経て赤ちゃんが変化成長してこの世に誕生します。

大地を象徴する女性のお腹の中で新しい命が育まれていくことを易経では「化す」といいます。これこそが坤為地、地の法則であり陰の力です。

つまり天は大地に向かって光や雨を発するのです。それをすべて、厚みのある大地が受けとめて、あらゆる万物を化し育てていくのです。化すことによって自然界のすべてが成り立っています。

大自然が天の力だとすれば、人間は大地の地のものです。その大地にならって、牝馬にならって、ことごとくすべてを受けとめて化すことにより、形あるものを生み出し、物事を成り立たせていくことができるのです。化して成ることを「化成」といいますが、この化成こそ私たちがすべきことであり、陰の力なのです。

君子と小人

◆易経にみる君子と小人

易経には「君子」と「小人」という言葉が頻繁に出てきます。言葉の意味合いからしても君子は立派で徳があり、小人は小人物であるというイメージとなります。

基本的な理解として君子とは、一般的に身分の高い者や物事がわかっている人を指します。小人は基本的に身分の低い者のことを指しますが、実際には、物事がわかっていない人や、一般人、大衆を意味します。

社会的な地位からすれば、君子は人の上に立つ人であり、小人は君子に従う大衆です。精神や姿勢からは、君子は品位と徳のある人、小人は卑しく徳のない人、となります。行動という視点からは、君子は自分で考えて正しく判断して行動し、小人は時流に流されやすく、欲に迷い、過ちや悪さをしてしまいます。

これまで易経を耽読してきましたが、常に「君子とは？」「小人とは？」について考え続けてきました。そこで、小人を「そもそも人間というものは」と読み替えてみた時、易経に書かれている意味がより深くわかるようになりました。

陰陽の視点で見れば、君子は陽で、小人は陰です。また善悪を当てはめると、善が陽で悪が陰となります。しかし、だからといって小人が悪ということではなく、また君子が善というわけではありません。

そもそも人間というものは、地位や権力を手にした時、困難に直面した時など、小人はこういう行動をするとか、こういう判断をするというように読み解いていくとわかりやすいのです。そもそも人間というものは、困難な状況に立った時に、立ち向かうのか、逃げてしまうのか、どっちの道を選ぶかとみれば、易経に書かれている小人の意味が浮かび上がってきます。

小人とは普通の人という意味なので、君子よりも小人の方が人間くさいところがあります。たとえば、男性が美しい女の人を見ると下心が起きるでしょう。きれいな女の人から誘惑されて断れる人の方が少ないでしょう。「そもそも人間たるもの」はそうなのです。

たとえば、そもそも人間たる男の人が銀行のリーダーになって、後に女の人から誘惑されて莫大なお金を不正に融資するといった事件がいくつもありました。

一人ひとりが小人であるのは仕方のないことです。しかし易経が教えているのは、そもそも人間たるもの（小人）が責任のある地位についたならば、「そもそも人間たるものはしょうがないのだ」と言ってもらっては困るということなのです。まさに一国が滅び、会社が倒産してしまい、社会が混乱してしまうのですから。
たとえ小人であったとしても、君子の立場、要するに責任ある立場に立ったとしたら、その道を取ってはならない。君子としての判断、君子としての務めを果たさなくてはならないと教えています。

君子：自分のことは度外視しても、人のため、社会のため、国のため、世界のために考え、行動する人
小人：自分さえよければいい、つまり私利私欲のために行動する人

◆君子の務めは利他にある

自分が企業や組織のトップという位置にあったとして、もし会社倒産の危機に直面した時、本音では自分と家族だけは守りたいわけです。しかし「会社と社員のために

逃げるわけにはいかない」と思うのが君子の考え方です。

君子の務めについては、易経にさまざまな時が書かれています。「天の時」に君子は伝説の龍にたとえられ、「地の時」には大地を走る牝馬のたとえで君子の務めが書かれています。

特に坤為地の「地の時」は、従う時なのですが、従う時でも責任のある立場に立たされる場合もあります。その責任ある立場に立った時はどのようにすべきかと教えているのが坤為地の時中で、その解決策として書かれています。

また、「乾為天」「坤為地」以外の六十二種類のさまざまな時があります。それはもちろん問題が起きる時だけではなく、とても勢いのよい時もあります。それぞれに時中と、その時にピッタリのことをすればこの時は通るのだと書かれています。

君子であるならば、すべての時に時中を選びなさいと易経は教えています。君子ならば、それぞれの時に解決策として書かれている時中を体現するようにと書かれています。たとえ個人的には小人、いわゆる普通の人であっても、責任ある立場に立ったら君子としての選択をしなければならない。その選択すべき方策、解決策が時中なのです。

◆易経はなぜ帝王学であるのか

小人は「そもそも人間たるもの」なので、小人はきれいな人を見たら誘惑に乗っかりたくなります。好みの女性からお金を貸してくれと言われたら、女房に隠れて貸せる範囲でお金を貸したくなります。事故を起こしたら、逃げたくなるのが小人です。問題を起こしたら、なんとかその問題が外に知られないようにしたがるものなのです。

易経が帝王学の帝王学たる所以(ゆえん)は、一般的な小人がどのようなことをするのか、それらがすべて書かれていることにもあります。私という人間は、環境や条件が良ければ、他の人の助けになったり、世の中のためになる素晴らしいハタラキができる。しかし条件が悪ければ、環境が悪ければ、そもそも人間というものはだいたい悪いことをしてしまう。環境が悪く、その時の条件がとんでもなくひどい条件であれば、どこまでひどいことをやるかわからない。「それがそもそも人間だよ」と言っています。

易経にはありとあらゆる時が書かれているのですが、その中の時中、その時にピッタリのことをすればいいよという解決策、それができるのは君子だけで、小人、いわゆる普通の人間はたいていろくでもないことをやると書かれています。その故に小人は人間的であり、自分のことでなければ可愛いものです。

しかし、リーダーの立場にあり、責任を預かる立場に立っているのなら、「それくらいは可愛いものだ」などとは決して言えません。個人としてみたら、その人の失敗、恥だけで終わります。しかし、一つの会社の社長が、自分勝手で人間的だからといって可愛いものだとは言われないのです。会社を潰したらどうなるか、自分だけではない、従業員、従業員の家族、得意先、消費者、地域経済、すべてに迷惑をかけることになります。

一国のリーダーが人間的だから可愛いものだとかでは済みません。国が滅びます。だから私たち一人ひとりは小人でもいいし、小人の考えそうなこと、どんな時に小人がどのようなことをやるのか、それを知っておくべきなのです。

易経には、こんな時になったら、自分がやりそうなことや、「もし私に責任感がなかったらこうしたくなるなあ」ということが全部書かれています。

自分に限ってどのようなひどい立場に立たされても、どんな条件が悪くても、そんなことをするわけがないというふうに考えたとしたら、それほど困ったものはありません。それは自覚なき最も恐るべき小人です。

自分の中の条件が悪い時にしそうなことは陰です。もし責任感があって責任ある立場で、その時にピッタリのことをしたら、それは君子のやり方です。私たちは君子のやり方を学んでいますが、それだけではなく、小人のやり方、小人の考えそうなこと、つまり小人もいろいろな立場でいろいろとやり方が違うことを知るべきです。

それを知ることによって、要するに皆さんが責任ある立場であれば、その会社の従業員の一人ひとりがその立場に立った時にどのようなことをしたくなるのか、どのようなことをしてしまうのかが見えるようになります。そして、そもそも人間たるものはという立場に立って、自分自身を客観的に見つめ直せば、おおよそのことはわかるようになると教えています。

易経には、君子のやり方だけではなく、小人がやりそうなこともすべて書かれています。だからよけいにこれは帝王学とされたのです。帝王はこういうことをしなければならないというだけではありません。

◆坤為地は「陰徳」を養い貫く道

さて坤為地には牝馬が登場しますが、乾為天の龍の物語のように六本の爻（こう）が龍の成長過程を示すといった明快なストーリーはなく、曖昧模糊としたものになっています。

それは陽が表舞台とすれば、陰は舞台裏にたとえられるからです。舞台では主人公が芝居を演じて物語が進行していきますが、その舞台裏ではスタッフが舞台の進行に合わせて準備し対処していきます。つまり陰は陽によって動き方が決まるため、はっきりと決まったストーリーは作れません。

坤為地の六本の爻が教えているのは、その時々で、何に従い、どのようにその事態を受け容れるかということです。

（初六）霜を履みて堅氷至る。象に曰く、霜を履みて堅氷とは、陰の始めて凝るなり。その道を馴致すれば、堅氷に至るとなり。

（意訳）晩秋の早朝に庭先に出ると薄っすらと霜が降りている。今は微かな霜がこれから数ヶ月経つと厚い氷になり、気づいた時は身動きがとれなくなっている。

ここでは悪習に親しむことの怖さを教えています。企業の不祥事はどのように起きるのか。すでにその危険信号は薄っすらと降りている霜のように示されていますが、多くの場合、最初の段階で見逃したり、対策を立てることができず、大きな問題となって初めて表面に現れることが多いのです。

（六二）直・方・大、習わずして利ろしからざるなし。象に曰く、六二の動は、直にしてもって方なり。習わずして利ろしからざるなしとは、地道光（おお）いなるなり。

（意訳）真っ直ぐでぶれない正しい姿勢を身につけたなら、何かに習わなくとも道を違えない。

「直」は、素直、実直、真っ直ぐに進むということです。また「方」は正方形という方正、つまり正しいものに従うという意味があります。「大」は遍（あまね）く盛大に力を発揮するという意味があります。

したがって「直・方・大」とは、天に従い、万物を受容して遍く盛大に育成する大地の徳を示しています。

「習わずして利ろしからざるなし」とは、真っ直ぐでぶれることのない正しい姿勢があれば、あえて習わなくても自然に育っていくという意味です。

（六三）章を含みて貞にすべし。あるいは王事に従うも、成すことなくして終わりを有て。象に曰く、章を含みて貞にすべしとは、時をもって発せよとなり。あるいは王事に従うとは、知、光大なればなり。

（意訳）才覚をひけらかさず、命ぜられることにじっと耐えて従うこと。

「章を含みて貞にすべし」の「章」とは、きらりと光るもの、才能、才覚をいいます。「章を含みて」とは、つまり自身の持っている才能や才覚を明らかにしないという意味です。これは君子の前にある臣下、部下の道を示しています。

（六四）嚢（ふくろ）を括（くく）る。咎（とが）もなく誉（ほま）れもなし。象に曰く、嚢を括る、咎なしとは、慎めば害あらざるなり。

（意訳）自分の才能を外に出さず、固く口を閉ざして余計なことを言わなければ、名誉もなく、認められないが、酷い咎めも受けない。

「嚢を括る」とは、袋の口ひもを固く締めることをいいます。つまり軽率に余計なことを言わず、寡黙（かもく）に、ひたすらに慎むという意味となります。

能力を出せば咎めを受けるような場合は、一時的に身を保つ手段となります。長い人生では、世間から無能扱いされても、人知れずなすべきことをなす時もあるのだといいます。

（六五）黄裳（こうしょう）、元吉（げんきつ）なり。象に曰く、黄裳、元吉なりとは、文、中（ちゅう）に在るなり。

（意訳）権威はあれども驕らず、功あれど誇らない。それは美しい徳が内にあるからだ。

「黄」とは、古代中国では王位を表す色でした。「裳」は下着、下履きのことです。王は本来、黄色の衣を上着として着ていますが、裳を下着としてつけているということになります。これは、人の上に立たず、王が陰徳を自ら生み出し民衆を主におくことで国を栄えさせるという意味です。

「文、中に在るなり」の「文」とは、権威、誠実、才覚、また目に見える才能、美しい色という意味もあります。「中に在る」とは謙虚の徳のことです。たとえ権威や、才覚があったとしても驕らずに、誠実をもって陰徳を貫いていくことにより、高い徳が光となって美しい色を放っているという教えが示されています。

（上六）龍、野(や)に戦う。その血玄黄(げんこう)なり。象に曰く、龍、野に戦うとは、その道窮まればなり。

「龍、野に戦う」とは、臣下が龍のような勢力を持つようになると君主である龍と血みどろの戦いになり、お互いに傷つくことになるという意味です。従う立場にある者が自分は龍だと勘違いをして、自らの立場を離れてしまうと、物事の道は必ず窮まるといいます。

◆「霜を履みて堅氷至る」とは

陰を象徴する大地は、すべてを受け容れ、清濁あわせのむ度量があります。どんなことでも従順に従って、万物を生み育てていきます。そのため、時には善だけではなく悪をも育ててしまうことにもなります。

それが初爻に書かれている「霜を履みて堅氷至る」という大変有名な言葉です。

「初六　霜を履みて堅氷至る。象に曰く、霜を履みて堅氷とは、陰の始めて凝るなり。その道を馴致すれば、堅氷に至るとなり」

「霜を履みて堅氷至る」という言葉は、もともと兆しの顕れ方、兆しがいかに現象化するか、それを教えています。

秋の遅い時、早朝、冬が近づいてきて、外に出たら霜が降りていた。特に冷えた日、霜がうっすらと降りています。その霜はフッと吹いたら消えます。踏んだらきれいに溶けてなくなります。また、手の平の上に乗せた瞬間に溶けてしまいます。その霜を兆しとたとえているのです。

そのフッと消えてしまうような霜が、やがて厚い氷になるのだといっているのです。これから季節が冬に近づいていって厚い氷の季節になるという意味でもあります。またそれ以外に、日々の積み重ねということも表しています。霜は本当にうっすらと降ります。

その霜が毎日、時々刻々と変化していきます。毎朝降りるとは限らないけれど、暖かくなったり、寒くなったりしながら、冬に近づいていきます。

真冬になるとその霜は堅氷となります。しかし一気に堅氷になるわけではありません。それは徐々に厚みを増していきます。最初の霜が降りた時に気づかなくても、さらに二回目、三回目に気づかなくても、何回も何回もまるで信号のように合図のように堅氷が近づいていると告げ知らせてくれる。つまり兆しとはそういうものだと教えている言葉です。

この陰をもし不祥事とか悪事、悪いことということにとったらどうでしょう。霜が降りる、その降りるという時が、陰の初めて凝る時だと。防ぐことができるかどうかは、フッと吹けば飛ぶようなその霜を、兆しとして気づき、認識することができるかどうかによるのだといっています。

◆良い習慣は努力が必要で、悪い習慣は馴れる

そこで、「その道を馴致すれば」の「馴」ですが、これは馬偏に川からなっています。馴れるという字です。坤為地の最初に馬の話をしましたが、馬は数多くの動物の中で最も人間に馴れるものだと指摘しました。

この馴れは、習慣の慣れるとは違います。馴れ親しむの馴れです。しかし習慣の慣れは、陰と陽でいえば陽の慣れることです。もちろん陰の慣れもありますが、ここでは陽の慣れとしておきます。

どう違うかというと、習慣の慣れは努力が必要なのです。もちろん悪い習慣という

言い方もありますが、ここでいうのは良い習慣です。良いことを習慣にするとそれは間違いなく人生がよくなります。しかし困ったことに、だいたい良い習慣は努力がいるのです。

悪い習慣は馴れるので努力はいらないのです。たとえば手癖（てくせ）が悪い、女癖が悪いという言葉があるように、これは馴れるので努力はいりません。たとえば最初の浮気はドキドキしますが、二回目、三回目となると馴れてしまうのです。万引きなどの犯罪も同様に回を重ねると馴れてしまうといいます。

陽としての慣れというのは、乾為天における龍の物語に「乾惕（けんてき）」という段階があったことを思い起こしてください。

龍の物語の第三段階である「君子終日乾乾し、夕べに惕若（てきじゃく）たり。厲（あや）うけれども咎なし」の乾惕です。毎日、毎日、とにかく勇気を持ってガンガンに前に行く。押して、押して、押していくというのが「乾」です。どんなに恐怖心を持っていても、その恐怖心を抱えながらも、毎日、毎日前に進む、努力することです。そして夜になったら、今日のあのやり方でよかったのか、本当によかったのか、恐れ悩むほどに反省する。

これが「惕」です。

そしてこの乾と惕、それを「毎日、毎日繰り返しなさい、それが反復の道だよ」という言葉が出てきました。一日の間で、日中はガンガンに乾乾と努力して、そして夕方になったら一日の終わりに省みる。それを毎日、毎日、反復して継続しなさい、習慣化しなさいという努力の道を示しています。

陽の道は努力して成し遂げるのです。これは志がなければできません。しかし陰の道は馴れればできます。それを「馴致（じゅんち）」といいます。馴致の馴は馴れるという字です。

実際に、初めて悪いことをする時はハラハラドキドキするものです。しかし、二度三度となれば次第に馴れてきます。この馴れは努力のいらない馴れです。その道を馴致すればやがて「堅氷（けんぴょう）至る」となります。

兆しを観る

◆積善の家には必ず余慶あり、積不善の家には必ず余殃あり

文言伝（ぶんげんでん）には「積善（せきぜん）の家には必ず余慶（よけい）あり。積不善の家には必ず余殃（よおう）あり。臣にしてその君を弑し、子にしてその父を弑するは、一朝一夕の故にあらず。そのよりて来たるところのもの漸なり。これを弁じて早く弁ぜざるによるなり」と書かれています。

「積善の家には必ず余慶あり」とは、善を積み重ねた家には余りある慶びがあるという意味です。また「積不善の家には必ず余殃あり」とは、逆に不善を積み重ねた家には余りある禍があるという意味です。

これは単なる因果関係としてとらえると読み違えます。積善と積不善という、この積み重ね方ですが、これがなぜ坤為地に出てくるのかといえば、それは霜を履みて堅氷至ると同様の意味があるからです。

「積善の家には必ず余慶あり」とありますが、そのように余りある慶びがあるのだったら善を積み重ねればよいのに、なぜ小人はそれをしないのでしょうか。君子は積善をするのに小人はなぜしないのか、そもそも人間たるものはなぜしないのか、それはたった一つの理由です。

うっすらとした霜と一緒で、一度や二度や三度、善いことをしても、余りある慶びはすぐに結果として表れないからです。また不善を行ってもすぐに災いとはならないからです。それで小人は、善は積み重ねず、不善は積み重ねるのです。

それでは積むとは何か、これは霜が堅氷になるほどに積み重ねるということです。フッと吹けば飛んでしまうような霜を堅氷になるまで、信じられないほどの回数を積み重ねるということです。すぐに消えてしまうような霜が厚い氷の層になるということにたとえて教えているのです。

◆漸の時がある

次に「臣にしてその君を弑し、子にしてその父を弑するは」とあります。弑するとは殺すという意味です。目下の者が目上の者を殺す場合は「弑す」という字を使います。「子にしてその父を弑するは」とは、怖い話ですが、そういう極端な話をもってきています。

陰と陽における陰の話なので陰を強調していっています。陽の話、善の話は努力を要します。よいことを習慣化するのは陽の話で努力が必要です。悪いことは馴れればその道に馴致するのです。馴れればその道のベテランとなってしまいます。

それで「臣が君を弑し、子にして父を弑す」というところまでいってしまうのは、一朝一夕にはならないというのです。これは突然に起こることではない。それは厚い層の積み重ねによるものなのだといっています。

「そのよりて来たるところのもの漸なり」とあるように、なぜそのようなことが起こるのか、それは漸であるといいます。漸とは、ようやくとかゆっくりという意味で、一歩一歩、ほんの少しずつということです。

易経の中には「漸の時」の教えがあります。それは「風山漸」という卦です。漸の時のたとえ話として、大きな木をあげています。

山の上の大きな木、大木は平地の木ほど早くは育ちません。毎日、毎日見ていてもどれほど伸びたかは全然わかりません。しかし、何年か経って、ある時に見ると大きく成長していることに驚きます。「漸の時」は良い方のたとえ話ですが、同じように「霜を履みて堅氷至る」も、霜は何度も何度も降りて、厚い氷になるまでにものすごくゆっくりと時間をかけて育つということです。

それは不祥事も同じで、子が親を弑するのも突然に起きたりはしません。一朝一夕の問題ではないのです。

◆兆しを観た段階で即刻対応する

さらに「これを弁じて早く弁ぜざるによるなり」とあります。この弁とは、たとえば水道管や配水管などの弁のように、こちらとあちらをはっきり分けることです。つまり弁護士の弁でもあり、白黒をはっきりとさせるという意味にもなります。

また最初の弁と後の弁はそれぞれ違う意味で使われています。最初の弁は、「わきまえる」という意味です。まだ霜のうちにわきまえることを示しています。そして後の弁は、「早く対処する」という意味で使われています。したがって、霜のうちにわきまえて、素早く対処することが肝要であると教えています。

霜のうちに、厚い氷になる前に対処しておかないと、問題や不祥事は取り返しのつかないことになってしまうということです。それが責任ある立場に立った君子の役割で、その兆しを観た段階で即刻対応しなさいといいます。

兆しを見てすぐに対処できなくても、その兆しはまるで霜が降りるように小さなことであるために、すぐには大きな問題になりません。それを二度三度と見過ごしていくとやがて馴致し、馴れてしまうようになります。自分にとって都合の悪いこと、自分の好まない悪いことは知りたくないとか、できればこうあってほしいといった自分勝手な期待をするようになり、「たぶん大丈夫だろう」と、見ないふりや、開き直りが出てくることになります。

たとえば子どもが万引きを繰り返し、だんだん悪に馴れて大きな罪を犯すことと同じであり、会社の不祥事もそのようにうっすらと最初に降りる霜、何度も降りる霜と同じであるといっています。

そして、都合の悪いものは見たくないというのは、君子の立場にあるリーダーにあるまじき小人のようなものの考え方、価値観が問題になるというのです。

君子の立場にある経営者やリーダーは、「これを弁じて早く弁ぜざるによるなり」のようであってはいけないといいます。

徳を積み重ねる

◆美の至りと陰徳

さて、五爻の爻辞（こうじ）の解説にあったように、文言伝には「美その中に在りて、四支（し）に暢（の）び、事業に発す。美の至りなり」とあります。後述しますが、実は、私たちが企業活動や社会活動等で使っている「事業」という言葉は易経が出典です。繋辞伝の中にも事業の意味が書かれていますが、まずは文言伝の解説をします。

陰の力は、従順に従うというだけではなく、謙虚さ、柔和、受容などの徳目をもっています。そういう精神が「美その中に在りて」というように陰徳を表しています。陽徳という言葉ではなく、陰徳といっています。美しさを表に出さず、内に秘めて隠しているため、陰徳は美徳ともいいます。

陰徳としての「美その中に在りて」とは、陰の力である謙虚さ、柔和さ、従順さ、受け容れる度量を表し、それが「四支に暢び」というように、体の隅々にのびていくことを表しています。

陰徳、美徳が体の隅々にのびていくようになると、その徳はその人のみならず事業にまで発して顕れていくというのです。それこそが「美の至り」であると教えています。

隠したものや秘めたものがあったとしたら、光が漏れ出るように外に必ず顕れて、その美徳、陰徳はその人の行いだけではなく、その人の事業にまで顕れるというわけです。

◆「龍、野に戦う」の真意

六本目の爻である上爻「龍、野に戦う」として、乾為天の龍がなぜでてくるのかといえば、実は、小人が力を持って勢いを増してきた時の話として書かれているのです。そもそも人間たるもの、つまり小人が君子の立場に立ったとすれば、自己中心的な欲をもって本物の君子を排除しようとし、自分が龍と錯覚して戦うようになります。

君子は立派な龍として、雲を呼び、雨を降らせて社会を循環させようとしますが、小人は自分の欲を考えます。悪いことが起きたらまず自分に害が及ばないように逃げようとします。

もし君子であれば悪いことが起きたら自分が泥をかぶって責任を取ります。それは責任ある立場に立っているからです。しかし小人は、嫌なことがあったら自分は責任を取らず逃げたくなるものです。

そういう小人が力を増して勢いがつくようになると、本物の君子が邪魔になり排除したくなるのです。そうなると君子と小人の戦いが始まります。

真に志を育ててこなかった小人は本物の龍になることはできず、自己中心的な欲をもって本物の龍と血を流すような戦いをするといいます。「その血玄黄なり」と書かれていますが、玄は究極の黒で黄は大地の色であり、この玄と黄が交わることを雑と表現しています。

本来は陰と陽が交わると新しい命が生み出され、新しい変化を起こすことになるのですが、ここでの玄と黄の戦いは雑であり、汚い色になってしまいます。

文言伝には「陰の陽に疑わしきときは必ず戦う。その陽に嫌わしきがためなるが故に龍と称す。なおいまだその類を離れず。故に血と称す。それ玄黄とは、天地の雑なり。天は玄にして地は黄なり」と書かれています。

たとえば臣下や妻が強大な勢力を持つようになり、君子のような振る舞いをすれば、当然のことながら必ず戦いが起きるというのです。

◆「永貞」は陰徳の体得にあり

乾為天では「用九」といいましたが、坤為地は陰なので「用六」といいます。これは自分が陰であればどのように陰を用いるかについて書かれています。

（用六）永く貞なるに利ろし。象に曰く、用六の永貞は、もって終わりを大にするなり。

「永く貞なるに利ろし」、つまり「永貞」というのはずっと末永く最後まで牝馬の貞に利ろしということです。中途半端ではなくとことん受け容れる、従順にして、度量があり、柔和である、という陰徳を徹底すれば、元（おお）いに亨（とお）るといいます。

　坤為地の本文に「君子往くところあるに、先つときは迷い、後（おく）るるときは主を得」とあったように、最後の最後には必ず、時々刻々と変化する中で自分が膨大な陰の時を経て、大いなる力を得るという意味でもあります。

「後るるときは主を得」とは、「後るる」ことによってどのように往けばよいかの案内人を得ることができるという意味の他に、大自然にならう、大自然に従うことを指します。また大自然が主であるということの他に、自分が結局最終的にはしっかりとした力を得るということでもあるのです。

　だからこそ従う時は、中途半端ではなく徹底的に従うことです。大地は万物を生じさせるのですから、大地にならうことが正しいことなのです。

陰の時代は勢いのない時代でもあります。勢いがないとどうしてもその勢いのないのを何とかしようとします。しかし陰という冬の時代には種を蒔いても実りません。ところで陽の時代、陽が強くなった時には陰を生じさせなさいと言いました。それは陽が強くなりすぎないためです。陰を生じさせないと龍は、陽の衝動をコントロールできなくなり、驕り高ぶる亢龍となって失墜してしまいます。それで陰を生じさせることが大切なのだと言いました。

それでは坤為地は、勢いのない陰の時代で陰が窮まっていく時なので、陽を生じさせるのかと思うかもしれませんが、陰の時代はさらに徹底して時に従わなければなりません。冬の時代にジタバタするのは、冬の時代に種を蒔くようなものです。

勢いのない時に何とかしようとしてもがいてジタバタすると、ますます泥沼にはまってしまいます。陰の時は徹底的に従うことで、大地にならって豊かな土壌づくりをしなさいというのです。人間としての徳を積み重ねること、すなわち陰徳を積み重ねて自分の層を厚くしなさいと教えています。

◆人生とは坤為地の道

人間は大地に足をつけて自然に従って生きています。いわば、生まれた時から死ぬまでが坤為地の道を生きているともいえます。

人生を生きていくという時、しばしば困難に出合い、問題が起きます。良い時も悪い時もありますが、生きていくこと自体が理不尽さにまみえることでもあります。どんな人でもどんなに勢いのある人でも、勢いのない時があります。勢いのない時はしばしば理不尽さに見舞われます。困難に直面します。問題が起きます。

では、問題が起きたから、それをジタバタしないで受け容れなければならないのか、そのまま味わう必要があるのか、それはことと次第によります。

易経には時中という言葉があります。同じような困難な時でも、その困難さによって中する方法はそれぞれ違います。たとえば雪山で遭難した時の時中、お金に困った時の時中、人間関係に困った時の時中、それぞれ違います。しかしいずれにしても共通項はジタバタするな、今は冬だから種は蒔くな。これだけは共通しています。

◆困難を乗り越える方法

あとは「中する」という方法です。それぞれがどんな時の困難さなのかによって違います。困難を迎えた後、その困難をどのように乗り越えたかによって人生のありようが問われます。

実は理不尽なことほど人間を育てるものはありません。理不尽ということは理に合わないことです。私はこんなに正しいのに、私はこんなに努力しているのに、私は正しいことをしているのに、それに対して報われない。信じられないような変なことが起きたり、自分がやってもいないような災いが起きたりします。

易経の中に災いという字は、「災い」と「眚い」の二種類が出てきます。両方とも「わざわい」と読みます。音読みですと「災眚（さいせい）」と読みます。「災い」とは、天災のことです。降りかかってくる災いのことでもあります。自分が蒔いた種ではなく、自分が何も悪いことをしていないのに降りかかってくる災いのことです。

また「眚い」は、人災です。天災に対しての人災、人が起こしたことによる災いです。そして他人や自分が種を蒔いてそれによって引き起こされる災いです。

天災がしばしば起きてきた時、多くの人は天を恨んだり、神を恨んだりしがちです。また人災は、起きてきた時に自分で反省する場合と人を恨む場合とがあります。いずれにしても天災と人災はかなり絡んでいます。人間が大自然をある程度、破壊しすぎた結果、たとえば気象関係が変わって天災の中身まで変わってくる場合もあります。

私たちが生きていると本物の大自然の天災だけではなく、しばしば災いに遭います。自分が蒔いた種ではなくても、災いは理不尽にやってきます。しかしパラドクスのように見えますが、理不尽こそ人を育ててくれるものでもあります。

ずっと理不尽が続くと人はひねくれてしまいますが、人も組織も物事も、時々刻々と変化していくので、いつまでも良い時は続かないし、悪い時も続かないのです。

人間は、勢いがついてくると、その勢いがいつまでも続くと錯覚します。ずっとうまくいくと錯覚するものだと易経には書かれています。

そこで勢いが強い時ほど陰を積極的に生じさせなさいと易経は教えています。陰を生じさせること、それも意識してそうしなさいと言っています。易経を知らないと、この勢いはずっと続くと思い込んで傲慢横着（おうちゃく）になっていきます。

やがて坤為地の時のように勢いがなくなると、この勢いのない理不尽さ、もしくは困難さがどこまで続いていくのだろうと不安に襲われるようになります。

易経は言います。時々刻々変化していく、冬は必ず春になるのだから、春まで待ちなさいと。そしてこの冬を上手に使いなさい、活用しなさい。この冬のおかげで春が来た時に種を蒔いて育つことができるのだと言います。

もし小人が勢いのある時流に乗ってしまったら、それは冬の時はいらないと考えがちです。しかし易経を学ぶことで、この冬はいつまでも続かないからこそ、冬の時代を最大限に生かそうという覚悟が生まれてきます。かつては何も意識しないで、早く冬が去ればいいのにと思っていた、易経を知らなかった時代に比べたら、その冬の時中をもってすれば、次の春の時中に春の種を蒔いたら今まで以上に実りがあるということがわかるようになります。

陰の時代を生きる智慧

◆大地の働きは万物を化育する

これまで坤為地の卦を学ぶことで、冬の時代に何をすればよいかということがよりよく理解できたのではないかと思います。

坤為地は、大地にならいなさいと何度も何度も教えています。樹木が育つためには、太陽の光と、水分と、栄養分が豊かな土壌が必要です。そしてその大地にしっかりと根を張って、水分や栄養分を樹木は引き込みます。その栄養分を幹から枝葉に行き渡らせるのです。その中心的な役割を果たすのが樹木の根なのです。その根を張らせるためには、土壌にある程度の軟らかさが必要です。したがって良い土壌とは栄養分があって、根が深く張れるようでなければなりません。

大自然は、本来は私たちの身体と一緒です。大地は私たちのお腹にあたります。私たちの硬い背は陽、柔らかいお腹は陰です。人の頭は天を象徴する陽であり、私たちの身体の中心であるお腹の中は大地を象徴する陰にあたります。私たちの腸の中は、腸内細菌でいっぱいです。その腸内細菌の働きで、食べ物も栄養分として吸収することができ、いらないものを排泄することができるのです。

私たちは食べたものをお腹の中で栄養化して、必要のないものを排泄しています。大地もさまざまな土壌微生物の働きによって豊かな自然をつくりだしています。もし大自然を破壊したら微生物は生きていけなくなります。どんなに樹木が育とうとしても、根が深く張っても、その微生物が媒介した豊かな土が育っていなければ、樹木は土の中から栄養分を取り入れることができません。

私たちは易経を学んだことによって、私たちのお腹の中は大地と一緒であることを知ることができます。大地の中は美しいものも汚いものもいっぱいあります。それが大自然であり、大地はそのすべてを受け容れて、そして見事に「化し」ています。「化す」とは変化の化であり、万物を生成化育するものです。これこそが大地の役割なのです。つまりこれは一家のお母さんの役割と同じであり、また私たち一人ひとりの身体の腸の働きと同じです。

◆企業経営の本質は陰の力を生じさせること

企業における樹木の根っ子にあたるのが現場の役割です。現場が最も大切です。経営者はまるで自分が経営していると思いがちですが、そうではありません。

もちろん経営者は経営をしなければなりません。しかし易経が教えているのは、経営者は陽の立場で、発することが大切であるということです。変化の変、経綸（けいりん）の経、つまり陽として発することなのです。

経営者は確乎たる経営理念を発することの役割があります。時代に応じて、時代の変に応じて臨み、経営理念を発するのが経営者の役割です。

中間管理職は、その経営理念を受けとめて、よくよくそれを消化しながら従業員層、末端に至るまで伝える役割です。経営者がしっかりとした理念、ぐらぐらと動かない志をもっていれば、中間管理職は安心して従業員層に伝えることができます。そして従業員層は安心して現場で変化の化、しっかりと自分たちの役割を果たす、陰の力である、化すことができます。

◆陰と陽が交わり生命が誕生する

乾為天で教えていた「品物形を流く（しく）」という言葉がありました。「品物形を流く」は流くは流れるという字で、末端に至るまで陽の力、経営者の経営理念が通るという意味として解釈できます。

天の素晴らしい品物とは、一品一品、生きとし生ける物すべてです。人間だけではありません。ありとあらゆる万物の一品一品、そこに陽の力が行き渡るということです。「品物形を流く」、これが陽の力、龍の力なのです。

そして坤為地においては「品物咸く亨る（とおる）」とありますが、これは日本で初めて太平洋を渡った咸臨丸（かんりんまる）の咸という字です。この咸という字は「みんな」という意味です。だから「ことごとく」と読ませています。品物、一品一品咸く、つまり万物はことごとく亨るというのです。

乾の働きは「品物形を流く」、そして坤の働きは陰の働きで、「品物咸く亨る」ことであり、中途で挫折せずにすらすらと物事が通るということです。

私たちは陰と陽の交わった存在です。この世の中に存在するものはすべて、陰と陽の交わったものです。乾の力、すなわち陽の力と、そして坤の力、すなわち陰の力の両方を中することで、新しい生命が誕生します。

中するというのは先ほどの雑の交わるではありません。中するというのは陰と陽が交わることによって新しい生命が誕生するということです。また中するとは、易経では物事の解決策ともいえます。陰の力と陽の力を中することによって、その時々の万端物事にあたることが必要なのだと易経は教えています。

◆陰の時代は土壌づくりの時代

めざましく成長していく陽の時代がやってくるのは、陰の時代を経ることで膨大な陰の力が蓄えられ、その結果、陽を生じさせるからです。すなわち陰が窮まれば陽に転じるという原理原則によるものです。

陰の時代にある現代社会において大切なことは、陰の力を積極的に蓄えることです。それは陰が窮まるまでに膨大な蓄積を必要としているからかもしれません。もしかすると陽の時代がやってくるまでに五十年、百年とかかるかもしれません。ひょっとすると今から築いたものが、孫の代になって花開くこともあり得ます。

陰の時代は土壌づくりの時代です。私たちが今、未来の子孫のために土壌を耕し、未来への種を仕込むことが大切な時です。ここですぐに成果が見えなかったとしても、五十年、百年先を生きる子々孫々の繁栄を考えて、どのような土壌をつくり遺していくことができるかを考え、計画することは陰の時代でしかできません。

陰の時代にあって、いかなる困難にあっても、従順に、素直に、受容して、陰の力を生じさせて生き抜いていくという坤為地の智慧を大切にしてもらいたいと思います。

第四章

「陰陽」の原理原則

――冬の時代は積極的に備える

十二消長卦と兆し

◆陰と陽の消長

陰と陽の関係は、どちらかが優れているというものではなく、一元的に理解すべきものです。物事は時に陰となり陽となります。また陽は陰となり、それぞれの時によって変化していきます。また陰の力を生じさせることにより、陽の力を引き出すということができるわけです。そして易経には陰陽の原理原則を通じて、よりよい解決策が書かれています。

ここでは陰と陽の原理原則を学ぶことで、最終的には易経における解決策である「時中（じちゅう）」について知っていただきたいと思います。

さて、陽はいきなり陰になるわけではなく、たとえば月が満月から新月へと変わっていくようにだんだんと変化していきます。

易経には、陰陽の組み合わせで六十四種類の卦（か）があります。その中から十二種類の卦を選び、陰陽の消長という意味で、「時」の変化を一年十二ヶ月に配当したものを「十二消長卦」といいます。

十二消長卦（陰陽の消長）　※旧暦で表記しています。

月	卦	意味
四月	乾為天	成長
五月	天風姤（夏至）	出遇い
六月	天山遯	逃げる
七月	天地否	塞がる
八月	風地観	観る
九月	山地剝	剝ぎ落とされる
十月	坤為地	従順
十一月	地雷復（冬至）	一陽来復
十二月	地沢臨	臨む
一月	地天泰	安泰
二月	雷天大壮	大いに壮ん

ここに十二種類の卦が並べられています。これを正しくは「十二消息卦」といいます。「消」は消える、「息」は伸びるという意味ですが、現代ではわかりづらいということで、これを「消長卦」ともいっています。どちらの言い方でも正しいのですが、ここでは「十二消長卦」としておくことにします。

※十二消長卦は、本来は「地雷復」の一陽来復から始まりますが、わかりやすく「乾為天」から解説することにします。

◆陰陽の十二の消長

すべてが陽からなっている「乾為天☰☰」より始まる陰陽の消長を見ていきます。実はこの世の中にすべて陽だけという存在は一つもありません。すべて陽に見えたとしても必ず裏に陰が潜んでいるので、すべてが陽に見えた瞬間に隠れていた陰が下からすっと入り込みます。そしてこの陰は必ず伸びていきます。陰が伸びていくということは陽が消されていくことを示しています。陰が伸びていくことによって陽は衰退し、滅びていく、剝がされていくというイメージです。

すべてが陽だけのところに弱々しい陰が入り込む。その陰が伸びていきます。さらに陰が三本になると、陰は六分の一から三分の一に伸びていきます。次に陰が二本になると、陰は二分の一を占めるようになります。陽は消されていき、あっという間に陽の勢いは半分まで削がれてしまいます。そして陰が四本になると陽は三分の一しか残っていません。さらに陰が五本と伸びていき、最後の一本の陽が陰となって、ここにすべての陽が剝がされ「坤為地☷☷」の陰となります。

しかしこの世の中で陰だけの存在は一つもありません。陰だけに見えても必ず裏に陽が隠れています。すべてが陰だけのところに一本の陽が返ってきて、陽が回復しました。復帰し、復活したこの陽は必ず伸びていきます。ということは陰を消していくということです。

たとえば景気のいい時が陽だとすれば、景気が悪い時は陰ということができます。そうすると二本目に陽が入り込むというのは、陽が伸びて景気が回復して、勢いがついてきたということです。そして陽は三本となり半分の陰を消し、四本になると陰は三分の二まで消されていきます。陽が五本になると陽の勢いがグンと増して、最後の陰の一本を消し去ります。そしてすべてが陽に戻って循環していくのです。それは過去の時に戻るのではなく、新しい時を迎えるようになります。

「乾為天」から「坤為地」へ――陽から陰への消長

【乾為天】

「乾為天䷀」は上下の卦が天の卦になっていることから、天の働きを説いています。「乾」とは健やか、充実、盛んに活動する状態を表し、「健やかに成長する時」について教えています。すでに第二章の龍の物語で紹介したように、陽の象徴である龍が六段階で成長していく姿が書かれています。成長した飛龍は雲を呼び、恵みの雨を降らせて万物を生成化育して大自然を循環させる使命があります。しかしこの隆盛期はいつまでも続かないので、常に謙虚に周りの物事に学ぶことが大切であるといいます。

乾為天は、六本の爻がすべて陽でできた純粋な陽の卦で、「純陽の卦」とされています。ここに一本の陰が下に入り込んでくると「天風姤」の卦となります。

【天風姤】

「天風姤䷫」は、天の卦が上にあり、風の卦が下にあります。この卦は、上がすべて陽で、一番下に一つだけ陰の爻（こう）があるので、男性ばかりの中に女性が一人入り込んだ形となります。陰と陽の「思いがけなく出遇う時」ということで「姤」といいます。
運命的な出会いを「邂逅（かいこう）」といいますが、この「逅」は「后」に辶が付いています。そして「天風姤」の「姤」は「后」に女偏が付いているので、三本の陽爻を男性とするとこの一本の陰爻は妙齢（みょうれい）の美しい女性との出会いを示しています。ここでの時中は「姤は女、壮んなり」と書かれていて、この女は必ず伸びていって男を削いでいくので気をつけなさいという意味です。

たとえば男性ばかりの職場に妙齢の美しい女性が一人急に現れたらどうなるでしょう。なんとなく浮き足立ってしまわないでしょうか。この陰が象徴する妙齢の女性は、表面的には柔らかくてやさしくてちょっと儚（はかな）げだったりします。すると男性陣は何か面倒を見てあげようとか、親切にしてあげようという気持ちになるでしょう。下心のあるなしにかかわらず、同じように感じると思います。現在、妙齢の女性はよくわかるでしょうし、昔、妙齢だった女性は過去の経験が蘇ってくるのではないでしょうか。

このように若い妙齢の女性がスッと入り込んできたことにたとえて、君子たちの中に一人の小人がスッと入り込んできたことと同じであるといっています。この妙齢の女性、あるいは小人は必ず勢いを伸ばしていくので、気持ちの緩みや油断をしてはならないというのです。古代中国には楊貴妃（ようきひ）をはじめ美しい女性が一国の滅亡の原因になった例が多くあり、「傾国（けいこく）の美女」と形容されています。陽気壮んな中に入り込んだ陰は、知らぬ間に勢力を増幅させ、国をも傾かせます。

このようにしたたかな妙齢の女性と、言葉巧みに上になんとか取り入ろうと画策（かくさく）する小人を重ね合わせて、彼らの誘惑はいろいろと利を図りながら伸びていくというのです。

◆【天山遯】

陰が二本目まで伸びると「天山遯（てんざんとん）䷠」の卦となります。天の卦が上にあり、山の卦が下にあります。天は高く果てがなく、山からかけ離れていて、山は天に迫ろうとしていますが、とうてい天には及びません。

「遯」とは豚が走って逃げる字で、「逃げろ！」という意味です。これは小人がこれから盛んになっていく時代にたとえています。当然のことながら陰が伸びていくことによって、陽である君子の道が消されていきます。ちょうど人間が生まれて幼少期から少年期、青年期にグンと大きく成長するようなものです。これは約束されている原理原則で、必ず伸びていくものは伸びていきます。陰が伸びると陽が消されていきます。遯の時代というのは、小人の勢いが増してくるから君子の道が衰退していくので、正しいことが通らなくなっていきます。そのような時は「逃げろ！」というのです。

私が若い頃には「逃げる」のはとても卑怯だと思いました。そういう時代が来るとわかっているのであれば、そんな時代にならないように闘わなければならないのではないかと思っていたのです。

しかし、易経には絶対に負ける戦いはするなと書かれています。戦いは忌むべきものだと他の卦でも教えていますが、どうしても降りかかる火の粉を払わなければならない時を迎えたなら、負ける戦いをしてはならないと。

それが必ず負ける勢い、滅ぼされる勢いであるのなら、他の安全なところに身を移して逃げなさいと教えています。そして時々刻々と変化する時の中で、君子の勢いが伸びてくるまで時を待ちなさい、時間を稼ぎなさいといいます。ちょうど冬の大地に豊かな土壌づくりをし、種を仕込むように、絶対に勝つための土壌づくりと種を仕込む時なのです。

ここではまだ陰は二本になったばかりなので、表面的には小人の勢いが弱く見えます。もし観る力があれば、たとえ表面的には陰が二本であっても、これから先に必ず陰が勢いを増して君子の道が衰退し、危険が待っているとわかります。観る力があれば、早く逃げた方がよいと判断することができます。

逃げることは、決して卑怯なことではありません。状況によっては、身を守るために最も大切な知恵であるともいえるのです。この卦は、逃げ方、退き方、逃げる勇気を持つことの大切さを教えています。

◆【天地否】

そして三本目まで陰が伸びると「天地否(てんちひ)☰☷」の卦となります。この卦は、天の卦が上にあり、地の卦が下にあり、見た目には陽が半分残っているからと安心する人がいたりします。しかし観る力があれば、あきらかに弱いはずの陰の勢いが増してきていること、その兆しを観ることができます。

「天地否」の時は、天と地が塞がっていて交わらない、通じないという意味があります。上卦が陽の天で、下卦が陰の地に分かれています。天は上に向かい、地は下に向かいますので、天と地がそれぞれ上下を目指して分かれてしまい、交わることはありません。

企業や組織でたとえると、経営陣はいかに経営者たちが得をするかしか考えず、社員は仕事をしなくても、怠けても給料はたくさんもらえるようにという考え方になってしまいます。国家としてみれば、政府は自分たちのことだけで民のことを考えないし、民は自分のことだけ考えて国家のことは考えないというように、お互いに通じなくなり閉塞(へいそく)感が強くなっていきます。

さて易経は何を重んじているかといえば、陰と陽が交わって良い変化を起こすことです。新しい命を生むことです。これが通じなくなるというのは、最も易経の精神に反しているわけです。

さて、この「天地否」の「否」という漢字ですが、「口」の上を「不」でふたがしてあります。白川静先生によると、口は天と交信するための祝詞(のりと)を入れる容れ物なのです。それにふたをしてしまうというのは、天との交信、交わりを拒否するという意味になります。

また口にふたをするというのは、文字通り口封じでもあり、天地否の時代には口を閉ざした方がよいという意味が出てきます。口を閉ざすというのは国民や社員の側からの見方ですが、政府や経営者の側からすると口を閉じさせ塞いでいく、発言をさせない時ということになります。

これこそ陰が強くなっていくと必ず迎える天地否の時代であり、塞がって通じない時代になるということです。つまり信頼が得られない関係では、いくら正しいことを言っても誤解されるだけです。このような時は、余計なことを言わずに、「黙して時を待ちなさい」と教えています。

◆【風地観】

次に陰が四本になると「風地観(ふうちかん)䷓」の卦となります。この卦は、風の卦が上にあり、地の卦が下にあるので、風が地の上をどこまでも吹いていく状態です。そして「観」とは観る力について教えています。

ここでは三分の二まで陰の勢いが増して、陽の勢いが衰えてきました。たとえば一人の人物の勢いが衰え、企業の勢いが衰え、時代の勢いが衰えてくるようになると、ほとんどの人に観る力ができてくるといいます。つまり事態は誰の目からも悪い方向に向かっていることがわかる状態にあります。

実は、観る力は、静かな時間を設けないと育ちません。動いている時には観ることが難しいので「静観」という言葉があるのです。勢いが衰えてくると自然に静かになってきます。勢いのある時は忙しく動き回るために観る力がなくなっていくのです。しかし勢いが衰えてくると、人は初めて反省したり客観的に振り返ったりして、しっかりと観ることができるようになります。現実に向き合い、物事をしっかりととらえることで、何が問題なのかがわかり、そこから解決の糸口が見つかるのだと教えています。

◆【山地剝】

陰が五本目まで伸びると「山地剝（さんちはく）䷖」の卦となります。この卦は、山の卦が上にあり、地の卦が下にあるので、山が地について、その山が崩れ落ちて平地になろうとしている状態です。

そしてこの「剝」は剝ぎ落とすという意味です。陽が陰に次々と剝がされてきて、あと陽の爻は一本しか残っていません。これは小人がトップを追放するということで、下克上の世界です。

ただ一つの陽は、高い木の上で食べられずに残っている果実で、爻辞（こうじ）には「碩果（せきか）食われず」とあります。小人がはびこり、君子が追い落とされるような非道の時代、混乱する世の中にあっても、大いなる果実は食い尽くされずに残っているという意味です。

そしてこの果実が残ってさえいれば、どんなにひどい世の中でも、その果実が落ちて芽が生じ、また発展するというのです。この果実とは傑物（けつぶつ）や蓄財などを象徴しており、乱れた後の世の中が泰平の時代になっていく原動力として残っているということです。

このような混乱した状態では、無理に事を進めれば社会全体に害を招くことになります。このような時は立ち止まって、時勢の変わるのを待つことが肝要であると教えています。

「坤為地」から「乾為天」へ　――陰から陽への消長

◆【坤為地】

山地剥の最後の陽が陰となり、すべてが陰の「坤為地(こんいち)☷☷」の卦となりました。この卦は、地が二つ重なっていて、大地の働きを説いています。大地の働きとは、万物を生み出し、養い育てることです。そして「坤」とは、「従う」「受け容れる」という意味です。

この「時」は、陰の受け容れる力を発揮する牝馬(ひんば)や大地にならい、自分が先に立たず、すべてを受け容れて、徹底的に従うことが大切であるといいます。

陰の時代はエネルギーが切れて、物事が滞る時代です。何をやっても思い通りにいかない陰の時代の生き方としては、牝馬の持つ陰の力を徹底的に活用しなさいと教えています。

坤為地は、六本の爻がすべて陰でできた純粋な陰の卦で、「純陰の卦」となります。

そして、すべてが陰の存在はこの世にありませんので、すべて陰に見えても実は陽が裏側に必ず隠れ潜んでいます。それですぐに陽が戻ってきて、「地雷復（ちらいふく）」の卦となります。

◆【地雷復】

坤為地に一本の陽が戻ってくると、冬至を表す「地雷復䷗」の卦となります。この卦は、地の卦が上にあり、雷の卦が下にあることから、大地の下に雷が潜んでいて、雷鳴を轟（とどろ）かせ、新しい時代を告げています。

これまで陽が次々に消されていって、陰の勢いが増して、陽は隠れてしまったわけです。しかしすべてが陰になってしまった瞬間に一本の陽が戻ってきます。それで「一陽来復」という言葉が生まれました。

「復」とは、回復、復帰、やり直し、再出発という「時」を表しています。しかしその一陽は地中の奥深くで、かすかに陽気が芽生えた兆しの段階です。陽の力はまだ弱く、実際には回復したとは感じられません。冬至（とうじ）に春の兆しを感じることができず、さらに小寒（しょうかん）、大寒（だいかん）があって冬本番が訪れます。ようやく春の訪れを実感できるのは立春の頃です。

陰から陽に切り替わったその時点では変化を感じることはできません。したがって普段の暮らしの中で一陽来復の兆しを感じることはほとんど不可能に近いのです。

冬至を境に確実に日が伸びていくように、まだ弱い陽を育てていく。焦ることなく、じっくりと行動することの大切さを教えています。

この陽は地の奥底で震えて必ず伸びていきます。やがて勢いを吹き返して強く育ちます。

◆【地沢臨】

そして戻ってきた陽が二本に伸びると「地沢臨（ちたくりん）䷒」の卦となります。この卦は、地の卦が上にあり、沢の卦が下にあることから、高いところにある地から低いところにある沢を見下ろしている形となります。そして「臨」とは上が下のものを保護することを意味しています。

この「時」の陽はまだ二本ですが、勢いがあるので必ず伸びます。しかも陰と陽では陽が強いのでその勢いが増して伸びていくのです。現象面でも勢いがよくなってきたというので、仕事も景気もよくなって忙しくなっていく時です。

人間でいうと成長期、少年から青年の時代で、この時は状況がどんどん変わり、物事が進んでいきます。そういう時は臨機応変に物事を処理しなければなりません。臨機応変とは、機に臨み変に応ずるということです。つまりは静かに見えないものを観ることが求められます。

大変興味深いのですが、静かに観ることや観る力について教えている「風地観䷓」の卦の上下をひっくり返すと「地沢臨䷒」の卦となります。勢いが盛んになって忙しくなれば、「風地観」の時にすべて見えたはずの栄枯盛衰の道のりがまた見えなくなっていきます。時代はいつか衰退し、多くを失うような時がくることを肝に銘じて、そこまでも含めて展望しなければなりません。その時々に瞬間的判断をしなければなりません。

この卦には、上に立つ者と下にいる者が心で感じ合い、一致協力して事に臨んでいくという意味の「咸臨」という言葉が出てきます。「咸」とは、みな、ことごとくという意味があり、「咸臨」とは、上下一体となって臨むことで目的を実現することを教えています。

万延元年（一八六〇年）に勝海舟を艦長とした「咸臨丸」によって日本人初の太平

洋横断を成し遂げられました。太平洋横断という大事業は、全員の協力なくして成し遂げられないとして、この船名は「地沢臨」の卦から「咸臨丸」と名付けられました。

◆【地天泰】

陽が戻って三本になると陰は消されて三本になり、「地天泰（ちてんたい）☷☰」の卦となります。この卦は、地の卦が上にあり、天の卦が下にあることから、下の天は上に昇り、上の地は下に降りて、ぴったり触れ合うことができる天地和合の状態です。そして「泰」とは安泰の泰を表しています。とてもめでたいので、大昔から易占いの看板にこのマークが使われています。

天と地が塞がっている「天地否☰☷」の卦の上下をひっくり返すと「地天泰☷☰」の卦となります。天と地が塞がれて通じない「天地否☰☷」とは違い、下を目指す地が上にあり、上を目指す天が下にあるので、陰と陽が交わって変化を起こすことができます。すなわち陰と陽が交わり中することで新しい命を生み続けていくようになります。

また外柔内剛（がいじゅうないごう）の君子が多くなり、小人は去っていくので、世の中は安泰です。

人々はお互いに信頼関係で結ばれ、社会全体が成長、発展していきます。

しかし、この最も喜ばれる「地天泰」の卦には「平らかにして陂かざるはなし」とも書かれています。原文の「陂く」は「傾く」と同じ漢字の意味です。「平らか」は平和で安泰であることを意味していますので、平和や安泰は衰退しないことはないと警告を発しているのです。これは「地天泰」の中で一番勢いが強いところに書かれています。

私たちは一番勢いの強くめでたい時には、いい気になって浮かれて、この安泰がいつまでも続くかのような錯覚に陥りやすいのです。泰平の世を傾かせるのは油断と危機管理能力が欠如しているからだと指摘しています。

◆【雷天大壮】

陽が四本まで伸びてくると「雷天大壮䷡」の卦となります。この卦は、雷の卦が上にあり、天の卦が下にあるので、天の上で雷が轟いている形となります。それで勢いが大いに壮んであるという意味です。

「地天泰」の勢いよりもっと陽が強くなる「雷天大壮」の時中は、「大壮は貞に利ろし」とあります。積極的に物事を推進していく時、壮んになった陽の力をしっかりとコントロールすることが大切だといいます。

意訳をすれば、ブレーキを忘れなければ吉、ブレーキを忘れたら凶ということです。そのイメージとして、たとえば大きなものがスピードをアップしていく時、ブレーキを忘れたら大事故になります。小なるものが多少のブレーキを忘れて外しても大事故にはなりません。

たとえば大きな組織が勢いに乗じてブレーキを忘れたら恐ろしいことになります。ことによれば一国が滅びてしまうことにもなりかねません。

易経には、とても勢いのある時には「足下をしっかり見なさい」とか、「分に応じた動きをしなさい」と書かれています。したがって、勢いに乗じてやり過ぎてしまったり、相手への配慮に欠けたりせずに、謙虚になって自分を見つめ直すことが大切です。そして勢いがあるために、力まかせで無理矢理に事を推し進めるのではなく、心も行動も正しくありなさいと教えています。

◆【沢天夬】

五本目まで陽が伸びてくると「沢天夬（たくてんかい）䷪」の卦となります。この卦は、沢の卦が上にあり、天の卦が下にあることから、沢の水が高いところに上がり過ぎているために、今にも決壊して溢れ出ようとしている形です。

この「夬」とは、最後の陰を決するとか、決し去るという意味があります。「夬」に「氵」を付けると決心の「決」となります。そこで優柔不断にして残しているものがあれば、決することにより新しい時代を切り拓くという意味があります。

一番上の陰の爻は、力をなくした君子です。あるいは古い体質、体制であるとも見ることができます。それを下層から伸びてきた力が決するのですから、力をなくしたとはいえ君子ですからやり方を間違えると自分の身が危険にさらされます。

そこで最後の陰を決する理由とその正当性を公の場で、武力を用いずに明らかにすることによって時は開かれると教えています。また意訳すれば、正当性を振りかざして、魔女裁判をしてはならないという意味にもなります。

幕末期はまさに沢天夬の時といえます。明治維新は最後の将軍である徳川慶喜（よしのぶ）が、下層の武士たちによっておし切られることで成りました。結果的に江戸城が無血開城されて、武力を用いずに新しい時代が切り拓かれました。

すべての陽が戻ってきて、また「乾為天䷀」の卦となり、陰と陽の消長によって時代は変化し、久しく循環をしていくことになります。

「地雷復」――一陽来復と冬至の意義について

◆地雷復と兆し

それでは「地雷復䷗」の卦から、兆しについて見てまいりましょう。

「復(ふく)は亨(とお)る。出入疾(しゅつにゅうやまい)なく、朋(とも)来たりて咎(とが)なし。その道を反復し、七日にして来復す。往くところあるに利(よ)ろし。彖(たん)に曰く、復は亨るとは、剛反(かえ)るなり。動きて順をもって行く。ここをもって出入疾なく、朋来たりて咎なきなり。その道を反復し、七日にして来復するは、天行なり。往くところあるに利ろしとは、剛長ずればなり。復はそれ天地の心を見るか。象(しょう)に曰く、雷の地中に在るは復なり。先王もって至日に関を閉じ、商旅行かず、后は方を省みず」

「地雷復」とは、雷が地の下に潜んでいる象です。この時は、陽気がまだ微弱なので、順をもって進むことと書いてあります。すべてが陰となった「坤為地」に対して一本の陽が戻ってきた「地雷復」の卦は、陽の回復と復元という意味を込めて『一陽来復』とも称されています。

◆陰の時代から陽の時代への兆し「冬至」

辞書で「一陽来復」を引くと冬至と出てきます。そう、一陽来復は冬至のことで、周の時代は正月として一年の大計を立てることが習わしとなっていました。冬至の日は陽の力がまだ弱いので、戻ってきた陽を大切に養い育てるのです。古代の王も関所を閉鎖して、商人や旅人も歩みを休め、静かに新しい一年を思う日でした。古来より、王もこの日は精進潔斎をして、新しい一年について天に祈り求めて新しい一年の志を立てました。

一陽来復は冬至のことで、古き日本人にとっての正月にあたります。また本文に

「至日（しじつ）」という言葉がありました。至る日とは冬至のことです。

十二消長卦にあったように、すべてが陽である「乾為天䷀」に一本の陰が入り込んで「天風姤䷫」の卦となり、ここから陰が伸びていくということでした。これが夏至です。この夏至の日から夜の時間が伸びて、昼の時間が短くなっていきます。そして次々と陽が消されていって、やがてすべてが陰である「坤為地䷁」の卦となります。

そこに一本の陽が戻ってきたというので「地雷復䷗」の卦となり、一陽来復となります。これが冬至です。ここから陽が伸びていくので、昼の時間が伸びていきます。冬至から回復し、やり直していく時を迎えます。

一陽が来復してきた冬至から、時の流れが陰から陽に切り替わりました。しかし暑さ寒さはどうでしょう。陽の流れに変わっているはずなのに、実際は冬至の十二月から真冬に向かい、一番寒いのは一月で小寒・大寒がやってきます。

兆しとしてはすでに流れは変わっていて、暦の上では再出発をしています。陰の時代が終わって、陽が新たに勢いを盛り返してくるというその始まりが冬至なのです。

そういう再出発をしたにもかかわらず、実際は陰の問題が続出し、陽の勢いがなかなか感じられないということが起こってきます。これは私たちが「兆し」を観る上でとても大切な視点であり、現実に私たちが感じることの時間的な差があることを教えています。

暦の上では陽に切り替わり流れが変わったはずですが、私たちが寒さを厳しく感じるのは、実はこれからなのです。

◆兆しを観る力

これは兆しのたとえ話です。第一章では吉と凶には明確な境目、「介（かい）」という分かれ目があると指摘しましたが、企業での不祥事の事例はとてもわかりやすいと思います。企業での偽装や隠蔽（いんぺい）が明らかになり大きな不祥事が起こった時、実は大きな不祥事の以前に小さなサインが何度かあったはずです。その小さなサインとは、いうなれば青信号の点滅です。この時点で兆しとしてのサインと観ることができるなら、その流れを変えようとしたはずです。それが兆しであることに気づかず、甘く見ていると黄信号となり、あっという間に赤信号となり、取り返しのつかない不祥事が明るみに出て大事件となってしまいます。

この小さなサインが大きな問題の兆しであると気づいた経営者は、すぐにその流れを変えようとします。流れを変えるには、経営者が恐れ震えるほどの「悔」がなければならず、悔い改めなければ、流れを変えることはできません。

改めることを惜しむ、これを「吝（りん）」といいますが、それは夏至の時のようにすぐに寒くはなりません。まだまだ暑く、企業であれば儲かり続けることを意味します。しかしすでに陰の流れに切り替わっているので、そこに大きな問題が迫っていることに気づかなければ、やがて起こる不祥事や大きな事故などで取り返しのつかない後悔をすることになります。

経営者が、クレームなどの小さな傷を大きな問題が起こる兆しとして観るならば、恐れ震えて悔い改めて流れを変えることでしょう。流れを変えるためには、お金もかかるし手間暇がかかり、大きな抵抗を受けるなど、数々の難問題をクリアしていかなければなりません。それでもやり遂げなければ企業が潰れるという経営者の危機感は、観る力があればこそなのです。

流れを切り替えた直後は、必ず寒さが厳しくなります。今まで使い慣れたやり方を変えるのですから、当然ストレスが起きます。慣れないやり方をすると疲れるので、多くの人はすぐに使い慣れたやり方に戻したいと思うものです。それでも問題となる膿をすべて出し切るところまでいくと、そこから回復していきます。膿を出し切った瞬間に吉として現れるのです。すなわち「窮まれば変ず」ということです。

吉と凶の境目が「介」であり、吉か凶かを決定するのは、「悔か吝か」の姿勢にあるということを改めて肝に銘じておきたいものです。

◆新しい一年の正月を迎える心構え

「地雷復」の本文の最後の行に「象に曰く、雷の地中に在るは復なり。先王もって至日に関を閉じ、商旅行かず、后は方を省みず」と書かれています。昔の立派な王様は、至日（冬至）の日は関所を閉じて、商人も旅人も国の出入りをさせませんでした。

そして「后（きみ）」とは古代においては継帝のことで、由緒正しい王様のことを指しています。その由緒正しい王様が「方を省みず」というのですが、「方」とは四方八方で、東西南北のことです。

また「省みる」の「省」は、目と少とが組み合わせられている漢字です。少は若い、少ない、細めるという意味で、「省」は、目を細めて注意深く物事の本質を見極めるという意味になります。政府の財務省や経産省、厚労省には「省」がつけられています。また、いらないもの、無駄なものを省く、という意味もあります。

そこで「后は方を省みず」とは、古代の王様の仕事である四方への目配りや巡行視察をも、冬至の日だけは止めました。冬至が古代周王朝における正月であり、地雷復の教える、陽を静かに育てる日で、王としての新たな志を立てる日だったからです。

昔は日本でも一月一日の元日だけは何もしない日でした。すべてのお店は閉じていました。書き初めは一月二日からで、新年の挨拶も二日以降でした。正月元日は何もせずに、子どもたちも静かに過ごす日でした。それは「先王もって至日に関を閉じ、商旅行かず、后は方を省みず」のなごりなのかもしれません。

お正月とは一陽来復の意味でした。潜んでいた陽が一本戻ってきた時、必ず伸びていくとはいえ、まだ弱々しい一本の陽を育てるために、静かにこれからの一年を想う日だったのです。現代においては、冬至は正月ではなく、一月一日も静かにしない人が多くなりました。しかし易経を学ぶ者にとっては、冬至は正月にあたり、昔から「冬至占（とうじせん）」といって、新しい一年の筮（ぜい）を立てる日でした。

私は昔から、易経を占いでなく古代の叡智として研究し、多くの方にお伝えしてきました。でも、古くからの慣習に倣って、一年に一度だけ冬至の朝に「易経はどのような時を私に教えてくれますか？」と占って、謙虚に易経に問うことをお勧めしています。静かに新しい一年を想う日、志を立てる日としてもらいたいからです。

◆冬至の本来の意義と価値

実は冬至の日の意味を知ることは「地雷復」の卦に秘められた深い意義があります。この卦の名前を見ると、大地の奥深くに雷が潜んでいます。そしてやり直しと再出発というところに秘密があります。しかし再出発しようと決意するのは簡単ですが、三日坊主になってしまうのも多く見受けられます。今年こそ日記を書こう、あるいは禁煙しようという再出発はできるのですが、長年の習慣を変えることができずに挫折することになります。誰もが良い習慣に変えれば人生は見事に変わっていくと思っていますが、なかなか変えられないのが多いのはなぜなのでしょう。

「地雷復」は大地の底深くに一本の陽が返ってきた再出発の時です。この陽をしっかりとした意志を持って、大事に育てていかないとこの陽は消えてしまいます。やり直し、再出発をしても迷ったり、良い習慣に改めようとしてもすぐに諦めたり、陽を育てきれないことが多々あります。

一陽来復のこの陽は、陽が全部消されてからもう一度、再び返ってきたチャンスであるととらえられます。この新しく戻ってきた陽を育てることができれば、必ず新しく変わることができるし、やり直しも成功するという意味です。

◆大地の奥底で震え動く「潜龍の志」

大地の奥底に雷があるというのは、震動し震い動かすものを意味します。大地の表面からはその震い動くものは見えません。毎日大地を見ていてもその変化はよくわかりませんが、地下ではかすかな震えを持ちながら少しずつ成長しています。そして時がくると大地の表に芽を出すようになります。その表面にコンクリートがあっても突き破って芽を出しますが、それが震えるものの象徴です。

この地下で震えて地表を打ち破らんとする一本の陽は、潜龍の志といえます。すなわち、この大地を揺り動かすくらいの志を立てたとすれば、これこそ確乎不抜の潜龍の志と呼ぶにふさわしいものなのです。夢を描くことは楽しく、志を立てることは厳しいものです。なぜなら志はなんとしても実現しなければなりません。それで厳しい環境の中でも諦めずに、その志を実現するために震え続けるのです。「地雷復」は、どんなに時間がかかったとしても、この一本の陽を育てていけば必ずうまくいくし、やり直しがきくと私たちを応援してくれる卦なのです。

◆冬至占の方法

易経を学ぶ私たちにとっての冬至の日は、特別な日です。日常生活が始まる一時間前に起きて、心身を整えて静かな時間を持ってください。これからの一年を易経は何を教えてくれるのか、どんな時を教えてくれるのか、何を学ぶことができるのかという意味を込めて一年に一度、冬至の朝だけは「冬至占」を立てることをお勧めします。

次に一般の方向けに筮竹(ぜいちく)でなく、初歩的なコイン占いを紹介させていただきます。

①硬貨を六枚用意します。そのうち一枚は違う種類のものか、しるしをつけてください(よく使うのは、十円玉五枚、百円玉一枚)。

②六枚を振り、よくまぜあわせます。

③静かに心を整えて、「これからの一年、私は何を学ばせていただけるのですか？」と謙虚な面持ちで、精神を集中して両手の中に六枚のコインを包んで振ります。

④六枚を下から上へ並べます。

⑤上三枚（上卦）、下三枚（下卦）を見て、卦を見ます。

⑥六枚のうち種類の違う一枚を変爻（へんこう）とします。

⑦六十四卦のうち該当する卦の卦辞（かじ）と、変爻にあたる爻の爻辞を読みます。

【水風井　変爻・五爻】

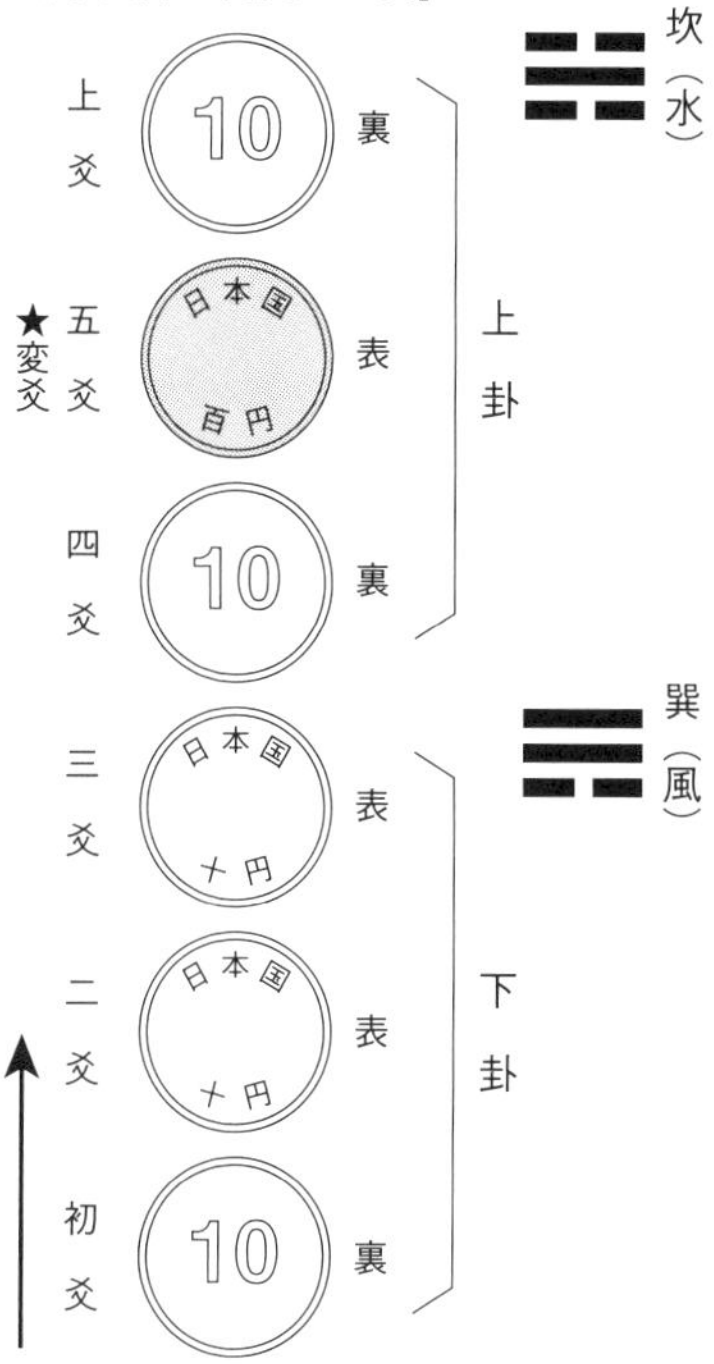

爻	コイン	表裏	卦	八卦
上爻	10	裏	上卦	坎（水）
★変爻 五爻	日本国 百円	表	上卦	坎（水）
四爻	10	裏	上卦	坎（水）
三爻	日本国 十円	表	下卦	巽（風）
二爻	日本国 十円	表	下卦	巽（風）
初爻	10	裏	下卦	巽（風）

易経を読むと最初はとっつきが悪くても、変化の法則や道理を知ることができ、その時に何をどうすればよいのかという読み方ができるようになります。必ず卦の説明のところに時中が書かれていますので、それを解決策として実践することでその時は通ります。

◆冬至占の結果の解釈について

ここで大切なことは、よい時、悪い時と受けとめないこと。時々刻々と変化をして、陰は陽になり、陽は陰になります。春夏秋冬の原則にあるように、春は夏になり、夏は秋になり、秋は冬になります。そしてまた新しい春を迎えるのです。その時にピッタリのことをすれば時は必ず通ります。時中でなく、時流を求めると必ず滅びます。その時を知ることが大切なのです。それを具体的に知るのが六十四種類の時の変化です。

そしてもう一つ大切なことがあります。多くの人が陥りやすいことですが、そこで出た卦の勢いが悪く、苦しい時の卦であったり、気に入らない卦だったりすると再筮しようとするのです。そして、集中力が足りなかったからなどと、自分に言い訳をしてもう一度やり直したくなるのですが、再度占ってはいけません。山水蒙の卦に「再筮すれば瀆（けが）る。瀆るれば告（つ）げず」とあります。瀆るは、乱れる、汚れるという意味ですが、占いや易が汚れるのでなく、それをやる人の精神が汚れるのです。どんな時が出てもそれを全面的に受け容れて学ぶことが大切です。

私たちの人生は一人一人違っても時々刻々と変化します。そして無駄な時は一つもありません。私たちはいい卦が出ると嬉しいし、嫌な卦が出ると嫌な気分になるものです。それは仕方がありません。しかし冬の卦が出たら冬にぴったりのことをすればよいのです。それがわかっていさえすれば怖い卦は一つもありません。青信号が点滅している時は、そろそろ動きを緩やかにしていけばよいという話になります。

陰陽の働きに学ぶ易経の智慧

◆器量と度量

器量は陽の力で、度量は陰の力です。器量は自分のポストを汚さないで能力を最大限に発揮できることです。仕事を見事に仕上げる能力です。度量は相手が自分のことをどのように批判しているかをすべて知りながら、その人を受け容れることができる、その人の言葉を聴くことができる。その能力が度量です。

「乾為天」の龍の物語を思い出してもらえれば、陽の力である器量を育てていく過程を知ることができると思います。潜龍（せんりゅう）から見龍（けんりゅう）、乾惕（けんてき）、躍龍（やくりゅう）へと陽が育っていき、陽の力の最大限を発揮するのが飛龍でした。その陽が最大限に強くなっていく時に、意識的に陰を生じさせないと、驕り高ぶりの亢龍となって落ちて衰退していくことになります。

この時に陰を生じさせる方法は、自分の器量を発揮するのではなく、すべての人や物事から学び、素直さと謙虚さをもって受け容れること。そして時には勝ちを譲ることでもあります。それは飛龍が何もかもを可能にする時であり、陽が最大限に強くなるので、陽と「中」するためには陰を生じさせなければならなかったからです。

◆素直さと謙虚さが度量を大きくする

それでは陰が強くなった時はどうするかといえば、陽を生じさせることではないのです。それは大自然に習うことです。すなわち天は太陽の光を降り注ぎ、恵みの雨を降らせます。それは大地はそれらすべてのものを受け容れて生じさせ、化して自然万物を生成するのです。大地は自分から何も発しません。ただすべてを受け容れて化すことが務めなので、徹底的に従う度量を持っています。

陽が強くなりすぎると、陽の衝動をコントロールすることができなくなります。それは陽の根本的な性質として、もっともっと勝ちたくなるからです。そして陽が窮まっていく前に自らを誇るようになります。世に善くする能力があって、世の中を善くした後で必ず誇りたくなります。易経には、「世に善くして伐らず」と書かれていて、この「伐る」という字は、人の首をほこで切るさまです。自分自身を褒め称えるという意味ではなく、陽である自分を褒めることによって、陰である陽に従う人たちを侮って切り捨てることになってしまうのです。それこそ陽が窮まっていく時の衝動であるといいます。

だからこそ「世に善くして伐らず」とあるように、世の中を善くしたとしても誇ってはならないと書かれているのです。それが陰を生じさせることであり、大地に習ってすべてを受け容れる素直さと謙虚さが度量を大きくすることになります。

◆謙虚とは君子の徳

そこで謙虚という言葉がありますが、易経に「地山謙（ちざんけん）」という卦の中で謙虚とはどういうものかということが書かれています。そこには作り物の謙虚は謙虚ではなく傲慢であるといいます。本当に能力のある者が自分自身をよくよく知り、そして狭い視野ではなく広い世界を知ったとしたら、自分自身の事足りていないことがわかります。学べば学ぶほど、自分の無知さ加減、学び足りないことを思い知って恥ずかしくなります。

「地山謙」は大地の下に山がある象（カタチ、イメージ）となっています。上に地があって下に山があるというのは不自然です。地球上で一番高いのは山ですが、その山が自分のことを知れば知るほど、学べば学ぶほど足りないことがわかってくると、恥ずかしくて地の上に高くそびえていることができないというわけです。謙という字には「こころよい」という意味もあり、山がこころよく喜んで地の下に下り、遜（へりくだ）るようになることが真の謙虚を意味しているのです。そこから学びが始まるといいます。

この遜ることこそ陰の力の最も優れたもので、易経では君子の大きな徳といっています。謙虚な者をなん人（ぴと）も見下すことはありません。むしろそれは高貴さに輝く、気高さに輝くもので、もしそれが作り物であったならそれほど醜いものはないと書かれています。

龍の物語にみる陰の力

◆潜龍の時代　「確乎不抜の志」を育てる陰の力

さて「乾為天」の龍の物語には、陽がどのように成長するかが書かれていました。そしてその際に陽の力を育てるためには、陰の力が必要であるとも書かれています。つまり陰を生じさせ、陰の力を使うことによって陽の力を発揮するというのです。

たとえば潜龍の時は「確乎不抜の志」を打ち立てて、それを実現するために力を蓄えることでした。そのために「潜龍用いることなかれ」とあり、世の中に認められず、無視されたり、否定されたりすることが起こってきます。まるで大地が冷たく凍ってしまうような環境の中で、じっと忍耐しながら震え続けることで揺るぎない志が育っていきます。寒く冷たい用いられない陰の時の中にこそ「確乎不抜の志」を打ち立てることができるのです。潜龍の時は冬という陰の時代であり、その陰の力が「確乎不抜の志」という陽の力を育てるようになります。

◆見龍の時代　師匠を見て徹底的に受け容れる

次の見龍は、実は上達論といった陽の力を育てていく第一歩たるものです。「学ぶ」とは「真似ぶ」であるといわれるように、見龍の段階では型をつくるために徹底的に師匠の真似をし、完全コピーするところまでいくことです。それは師匠のすべてを受けとめて成り切るということです。

自分の思いや意見を入れずに、徹底的に受け容れること。師匠を見て百パーセント丸飲みして、わからなくても納得できなくても疑いを差し挟まないで型をつくっていくことが学びの第一歩であると易経は教えています。実は、百パーセント受け容れること、疑わず素直に従うこと、これが陰の力なのです。

しかし徹底的に受け容れることは大変難しいことです。素直に実行しようとしても、そこに疑問が生じ、これでいいのかと迷う心が芽生えて葛藤を始めます。たとえ志を持っていたとしても揺れたりして悩みが尽きません。そのような時にこそ意識して陰を生じさせて、素直さと謙虚さをもって「受け容れてみよう」とすることで、見龍としての基本的な型がつくられていきます。

◆乾惕の時代　恐れ震えるほどに反省をする「慎独」の力

次の乾惕の段階は、日中は勇気をもってガンガンに前に進んでやり抜くこと、そして夕べには「本当にあれでよかったのか」と恐れるほどに自分自身を省みるということでした。

見龍は基本的な型をつくる段階にありましたが、乾惕は技をつくりだしていく段階に入ります。それで勇気を持って強力に前に進んでいくために、「乾乾」と陽の力を出していきます。人間は誰であっても怖(お)じける心や恐れる心を持っていますが、恐怖心を消す必要はなく、恐怖心を持ったまま前進せよといいます。恐怖心とスクラムを組んで一緒に前に進むこと、それこそが勇気であるといっています。真の勇気は恐れることを知っているのです。恐怖心があるからこそ覚悟が生まれます。もし恐怖心がなければ覚悟もなく決意もないのです。

乾惕の乾が示す真の勇気とは、怖いことを知った上で覚悟と決意を持って前に進むことです。これこそが最大の陽の力なのです。

そして夜になって恐れ震えるほどに「本当にあれでよかったのか」を自分自身に問い、良かったことも悪かったことも真剣に反省すること、それが乾惕の惕という意味です。これが「慎独（しんどく）」につながるもので、これは陰の力になります。

日中の乾の時は恐れという陰を携えながら勇気を持って前に前に進みます。そして夕べの惕によって「本当にあれでよかったのか」と省みることでさらに陰を深めることです。これを日々反復しながら、長い時間をかけて継続し、ある程度の量的稽古ができていくと化して、独自の技がつくられていきます。

長期にわたっての積み重ねたその成果は必ず残ります。長期にわたって獲得したものは失うことはないのです。短期間で獲得したと思ったものはほとんど錯覚です。それは手元に残りません。それは何でも当てはまることで、すべてに通じる道理です。外から現象としてしか知らない人が見たら、短期間で成果を挙げることができたと思うことはあるでしょう。しかしその結果が出る前までに膨大な陰の時間があり、陰の力がどれほど働いていたかを見ることはできません。もし短期間で成果を挙げることができたとすればそれは時流であって、必ず滅びるので手元には残りません。

卑近な例を挙げると、よく運が「ついている」「ついていない」ということを耳にするのですが、多くの人は「ツキ」を求めてしまいがちです。しかし物事はうまくいった時はついているからではなく、ついていないから失敗したわけでもありません。大切なことは、失敗したのは、失敗した人の責任だということです。ついていなかったから失敗したのではなく、失敗すべくして失敗したのです。

「勝ちに不思議な勝ち」はあります。たまたま運良く、それこそたまたまついてうまくいったということはあるでしょう。「勝ちに不思議の勝ちあり、負けに不思議の負けなし」。これは江戸時代後期の平戸藩主、松浦静山（まつらせいざん）が書いた剣術書「剣談（けんだん）」の中の言葉です。負ける時は必ず理由がある。負けるべくして負けるというのが勝負の鉄則です。

◆応用実践の中から創意工夫が生まれる

見龍の時に基本的な型を身につけて、乾惕の時は応用実践の段階に入っていきます。前述したように、日中は乾乾として前に前に進んでいくと、現場での不測の出来事に対応しようとして基本の型が崩されたり、失敗したりします。またそれまで身につけた知識や経験が通用しない壁に突き当たったりします。それでも勇気を持って前進し、失敗したらその失敗に学ぶことができます。

たとえば、子どもは転んで痛い目に遭ってこそ、次に転ばないようにと学びます。親が転ばぬ先の杖で先回りすると、子ども自身が転んだ時に対処する術がありません。大人も同じで、いろいろな失敗を積み重ねていくことで、失敗しないように工夫が生まれます。創意工夫は見龍の時ではなく、乾惕の時に発想し考えることです。

それが乾惕の惕であって、夕べに恐れ震えて反省をする、その積み重ねで創意工夫が生まれ、新しい発想が湧いてきて、思考が深くなっていきます。この惕という陰の力が乾という陽の力を増幅して、勇気を持ってさらに前に進むことができるのです。

◆陰の力を溜める

興味深いことですが、見龍の時に大人、師匠のすべてを徹底的に受け容れて真似ることで基本の型をつくるというのは、まさに陰の力を使っています。この時に陰の力を発揮するためには積極的に陰の力を溜めないといけません。この積極的というのは陰ではなく陽の力です。つまり陰の力を徹底して使うためには、陽の力が必要であるというところが陰陽の原理原則の絶妙な働きなのです。

陰の力を溜めるためには、徹底して積極的に陰に徹するという陽の覚悟が要ります。見龍の時は陰の覚悟です。師匠のすべてを受け容れるという覚悟、自分の意見や創意工夫をしないという覚悟、それが陰の覚悟です。陽の力を使って「陰の覚悟をする」のです。そして膨大な陰のエネルギーが溜まると陽の力が働き始めて大地が震い動かされていくようになります。陰が窮まる時、とてつもない光となって外に漏れ始めて、外に形として生じてくるのです。それが陰と陽の関係です。

◆木鶏について

木鶏(もっけい)の話は『荘子(そうじ)』に出てきます。

闘鶏を飼う名人であった紀渻子が、斉王のために闘鶏を養った。

十日経って王が問う。

そろそろ闘わせてはどうか、と。

応えて曰く、

まだいけません、敵も見ておらぬに気の立つところがあります、と。

更に十日経って王が問うに、応えて曰く、

まだいけません、敵の影が見えただけで応戦しようとするところがあります、と。

更に十日経って王が問うに、応えて曰く、

まだいけません、相手に向かうところが強すぎて己の気を蔵するに至りません、と。

更に十日経って王が問うに、応えて曰く、

そろそろいいでしょう。

他の鶏が鳴こうとも少しも動かされることがありません。

一見すると木鶏の如く、その徳は全きものとなりました。

いかなる鶏と雖（いえど）も、これには相手にならずして逃げ出すことでありましょう、と。

王様のために紀渻子が闘鶏を養っていました。王がもう闘わせてもよいかと尋ねると、いきり立つからダメと言われ、十日後に再び尋ねると、目をつり上げて威張っているからダメと言われます。さらに十日後に尋ねると、己の気をコントロールできないからダメと言われてしまいます。それでまた十日後に尋ねると、「鶏鳴くものありといえども既に変ずるなし。これを望むに木鶏に似たり。其の徳は全し」と言いました。

これを解説すると「もういいでしょう。よその鶏が鳴いても顔色を変えません。木でつくった鶏のように見えますが完全に出来上がりました。いかなる鶏といえども闘わずして逃げ出すことでしょう」ということです。このように闘わずして勝つというのは易経の考え方に近いと思います。

この木鶏の話は、剣禅一如（けんぜんいちにょ）を追究した山岡鉄舟（てっしゅう）が好んで事例とした「猫の妙術」の原典となる話でした。そこで「猫の妙術」を紹介したいと思います。

◆猫の妙術

この話は『田舎荘子』に書かれています。勝軒という剣術者の家に一匹の大きなネズミが住みつくようになりました。真っ昼間から遠慮会釈なく暴れ回りますので、近所から猫を借りてきたのですが、どの猫も大ネズミを捕らえることができません。それで剣術者が自ら木剣で「猫なんかにまかせてはおけない」といって大立ち回りをします。しかしネズミは見事にかわして逃げていきます。それで剣術者の木剣で部屋の襖や畳、障子などが破れて無茶苦茶になってしまいました。

そこで剣術者は、少し離れたところに無類逸物といわれる猫がいたことを思い出して、その類希なる猫を借りてくることにしました。ところがその猫は利口そうにも見えず、素早そうにも見えない薄らぼんやりした猫でした。しかしせっかく借りてきたというので、ネズミのいる部屋に投げ込みました。すると今の今まで暴れていたネズミがすくんで動くことができず、その薄らぼんやりした猫がネズミを捕らえてノロノロと剣術者の前に現れました。

実は「猫の妙術」のおもしろいのはここからです。その夜に大ネズミを捕らえた猫を囲んで、近所中の猫族が集まって猫会議を開いたのです。

まず鋭い猫が「私はネズミを捕る家に生まれて、小さい頃からその道を修練しました。早業、軽業至らざるなくどんなことでもできたのに、あの大ネズミだけはし損じてしまった」と悔しがります。すると議長席にいた古猫は、「君の訓練したのは小手先の技である。いつも狙う心がある。それは偽りの技巧である」とコメントしました。

次にたくましくて強そうな虎模様の大猫がまかり出ました。それで「私が思うところには、やはり気勢、気の勢いが大事だと思います。これまでその気合で倒して倒れなかったネズミはいませんでした。しかしあの大ネズミだけはかなわなかった」と語りました。すると古猫が「君の修練したのは気の勢いに乗っての働きだから、まだ自分の力の気合に頼むところがある。それは窮鼠、かえって猫を嚙むことになるんだよ」とコメントします。

次に少し年をとった灰色の猫がでてきて「うんうん、私はかねてからそういうことはすべて気がついていて、心を練ることをしていました。常に心の和を保って、帷幕(いばく)をもって礫(つぶて)を受ける（幕を張って、ふわりと石つぶてを受け止める意味）という感じです。それでどんな強いネズミでも捕れました。ところが今回だけは……」と言ったところで、古猫が「君の和はたしかに今までよりはいいかもしれないが、それは思慮分別からであって自然ではない」とコメントしました。

そして続けて「諸君、わしの言うところを道の極地だと早合点してはいかんよ。上には上があるんだ。昔、わしが若い頃に隣村に一匹の猫がいた。朝から晩まで何もしないで居眠りばかりしている。さっぱり気勢もあがらず、まるで木で作った猫のようだった。誰も彼がネズミを捕ったのを見たことがない。しかし不思議なことに彼のいるところには一匹のネズミもいなくなるんだ。ネズミが多いところに彼を持っていくと知らないうちにネズミが消えてなくなる。わしは若い頃、その彼にどうしてなのかと聞いてみた。そうしたら彼は笑うだけで答えなかった。たぶん答えなかったのではなく、答えられなかったんだ。それはまさに〝神武〟、武徳の極みに達して殺すことはしないのだろう。昼間ネズミを捕った私などは、彼には遠く及ばないのだ」と語りました。

古猫のお説教を聞いていた剣術者の勝軒は、夢のお告げを聞いたように感心し、古猫に一礼をして「私は長年にわたって剣の道を修めてきましたが、いまだ奥義に達しませんでした。しかし今その剣の極意を得ました。できればさらにその奥義を教えてください」と願い出ます。すると古猫は「われは獣なり。ネズミは我が食なり。我何ぞ人のことを知らんや」と一蹴しますが、そこから武道について語り、最後は易経を説き始めます。

「我があるから敵がいる、我がなければ敵もいない」、すべては相対的なものであると。そして「易は思うことなきなり。なすことなきなり。寂然として動かず、感じてついに天下の故に通ず」（繋辞上伝）を示して剣術の道理を説きます。これは「何かを思うこともなく行うこともない。しずかな状態で動かない。そうすると感得することがあって遂に天下の事柄に通暁する」（「猫の妙術」の解説より）という意味です。

◆山岡鉄舟の剣禅一如

剣禅一如をもって武道を極めようとしていた山岡鉄舟は、弟子たちに山岡流についてはすべてオープンにしていましたが、『田舎荘子』の「猫の妙術」だけは容易に見せることはしませんでした。これは剣の極意を示した「猫の妙術」は簡単に読んではならないとしていたからでした。山岡鉄舟は易をも学んでいましたが、それは易経が一番古いものだったからです。

山岡鉄舟が最も珍重した「猫の妙術」ですが、これは武道だけではなくすべてのことに通じる学びがあります。武道は基本的にまず量稽古があります。つまり見龍において型をつくるための量稽古があり、乾惕においては反復と継続する質的な工夫稽古があります。乾惕の段階では創意工夫をすることで技の段階に至ります。

木鶏や木のような猫はもはや飛龍の段階で、基礎的な型と技をつくる段階は見龍と乾惕でまだ三段階目となります。

◆「中」することの本質的意義

実は私の「龍の話」の解釈が飛躍的に進んだのは、空手家、南郷継正（なんごうつぐまさ）の『武道とは何か』を読んだ時からです。その本をきっかけに彼の著作数冊や、剣道、合気道、その他武道関連の本を読み続けていくうちに、武道の上達論と龍の成長論とが頭の中で化学反応を起こしました。南郷継正の武道論は、私の易経解説やリーダー論の基であり、易経を深読みできるようになったのは、一連の武道の本が出発、原点です。ですから、実は龍の成長物語の解説は、私のオリジナルなのです。

それから陰の力について、陽の時に陰の力を生じさせることの重要性は認識していましたが、それまでは陰の時代には陽の力でなんとかすべきであると思い込んでいました。なぜかといえば、三十代の半ばまでは「中」を真の意味でわかっておらず、バランスをとることのように理解していたのです。もちろん時の問題解決策として「中する」ことはバランスという次元ではないことは直観的にわかっていたのですが、なんとも腑に落ちていなかったのです。

たとえばバランスという意味で考えると、陰の病気の時や体質が悪くなった時には食事でしっかりと整えることで調整するというようなことです。しかし本当の体質改善になるきっかけづくりは、バランスによるのではなく、やはり陰を生じさせることなのです。ちょうど樹木が病気になった時、樹医は根っ子を傷つけたり樹皮を剝いだり、さらには枝を切り落としたりします。これらはすべて陰を生じさせて陰の力によって、陽の生命力を引き出し中する方法です。陰陽は同時に発生するからです。これが陰と陽の本質です。

「中」することが本質的にわかるようになり真に腑に落ちたのは「断食」のおかげでした。私は二十二歳から年に一度は断食をしていますが、特に体調を崩して断食をしているわけではありません。道楽でたまたま断食をしていたら、とても体が軽く爽快になったので五十年近く続けています。陰の力について深い気づきが得られたのは十四回目か十五回目の断食の時でした。

私の断食は、甲田光雄著『断食療法の科学』（春秋社）を参考にして、自分自身の身体で断食の実験をしていました。断食によって体質が変わるという実感をしながら、断食が陰を生じさせるものであることは理論的には知っていましたが、長年の断食を通して身体でわかってきたのでした。あ、だからといって簡単に断食に飛びつかないでください。断食道場などでプロの指導を受けて体験するのがよろしいかと思います。

陽の力を引き出すためにはまず陰を生じさせなければなりません。変化の基は陰を生じさせることにあります。たとえば自分の力に頼ったり、気合とか気勢を頼ったりするのは陽を強くしようとしているわけです。しかしそこで陰を生じさせることによって「中」することができ、陰陽を繰り返し循環させることによって、ピタッとはまった時に、前述した「木鶏」や「木で作った猫」の状態に至ることができるのだと思います。

◆陽を引き出す陰の力

これは私たちの人生や経営にも応用できることです。陰を生じさせるとは、不足が生まれることでもあります。満ち足りているのが陽で、足りないのが陰です。不足を満たそうと補うような働きが陽の力であり、陰を生じさせると陽の力を引き出します。

　陰陽はどちらが優れているかということではありません。陽が満ち足りたら必ず衰退し変化するように、文化が爛熟すると必ず人間の力は衰えます。先進国の子どもたちの目が死んでいるように見えるのは、環境的にも不足がなく満たされているからです。しかし過酷な、厳しい環境にいる満たされていない、不足の状況にある子どもたちの目は生き生きと輝いています。陰の力が陽の力を引き出すとすれば、十分に満たされている状態ではなく、ほんの少し陰が勝っていて不足があるのがよいのです。

　満ち足りたら必ずそれは衰え、不足をしているものは必ずそれを補おうとして陽の力が働きます。これは物理学者も科学的な視点からも認めているところです。

◆運命と宿命

「宿命」とは変わらないもの、どんなに悩んでも変わらず、創意工夫しても変えようのないものです。たとえば「松竹梅」がありますが、松は松で竹ではありません。竹は竹で梅にはなりません。そして梅は梅であるように、変わることがない「宿命」があります。

運命とは、松が松であり、竹は竹であり、梅は梅であって、変えることができないという宿命を百パーセント受け容れることです。宿命を全面的に受け容れる時、運命が動き出します。竹は竹として見事な竹になり、松は松として見事な枝振りの松になる。そして梅は芳ばしい香りを放つことができる美しい梅の花を咲かせる見事な梅になること、これが運命であり立命です。

その運命は志を立てた時から始まります。単なる夢ではなく、確乎不抜の志を立てた時に、必ず大地の底深く震い動くものがあります。この志は厳しいもので、必ず実現させなければなりません。この志を立てることで心が震え、全身が震え、その実現に向けて動き始めます。すると厳しい環境であればあるほど、厳しい条件であればあるほど、その志が強められ確乎不抜の志として打ち立てられるようになります。

潜龍の時代は守るべきものがなく、何の保証もありません。周りから無視されたり、認められなかったりするので、自分で自分を信じるほかにない。それが潜龍です。潜龍は、実力もなく、何ができるかもわからない、みっともない自分を受け容れて、将来は必ず成し遂げるという強い思いを持って志を立てる時なのです。

◆易経の学びは、潜龍の確乎不抜の志から始まる

中国古典の『荘子』の逍遥遊篇に「鯤」の話があります。大きな海を覆った鯤という魚が志を実現して飛躍して鵬という鳥になって天を飛んでいく。鵬が天を覆い尽くして飛んでいくという話です。

鯤は、「はららご」といって魚の丸い卵のこと。荘子はわざわざ海の中にいる最も小さな存在である魚の子をありもしない大海を覆う魚の名前として命名しました。これは普通の人間である小人、つまり大きな宇宙の中で最も力のない人間が、もし確乎不抜の志を立てたなら大海を覆い尽くす巨大な魚に育つという意味があります。そしてその鯤はもっと志を育てて大きな天空を飛翔していった。その飛翔した鳥の名前が鵬と名付けられ、鯤が鵬に化していったという、志は必ず実現するという物語なのです。

易経の学びは、まず潜龍の「確乎不抜の志」を打ち立てるところから始まるということを、改めて確認をしていただきたいと思います。

第五章

人生の智慧としての易経

――天水訟　地水師　天雷无妄　風火家人　繫辞伝

「天水訟」——無益な争いを防ぐ智慧

◆易経の智慧

易経には陰と陽の組み合わせによって六十四種類の卦が書かれています。その中で六と九という数字がでてきますが、六は陰を示し、九は陽を示しています。そして卦を表す六本の爻のすべてが陽である卦を「乾為天」とし、すべてが陰である卦を「坤為地」として、天地を表します。乾坤一擲という言葉がありますが、これは乾が天であり坤は地であるところから、天地を分けた大勝負という意味になります。

またすべてが陽の存在、すべてが陰の存在というものはこの世にありません。すべては陰と陽が混在しています。すべてが陰のように見える時は裏に陽が隠れています。すべてが陽に見える時、裏に陰が隠れています。そして「十二消長卦」で学んだように、陰が強くなっていくと陽が消されていき、陽が復活してきた時は陰が消されていくのです。

易経には上卦と下卦の八卦の組み合わせにより六十四卦の物語がたとえ話で書か

れています。その代表的な卦が「乾為天」と「坤為地」ですが、その他に六十二卦がありますす。ここでは六十二卦のうちのいくつかを解説し、易経の智慧に学びたいと思います。

◆天と水と違いに行くは、訟なり

「天水訟（てんすいしょう）䷅」は、上卦の「天」と下卦の「水」からなり、天は高く上にあり、水は低きところに流れていきます。この天と水は、向かうところが違うために意見が合わず、必ず争いが生じることを示しています。

「訟」とは、公の場でいうと書くように訴えるという意味です。ここでは訴える側の話で、公の場で大きな声で「何とかしてください」と言わなければならないような困った立場に立たされたということです。

公の場で訴えなければならない状況の多くは、相手が強くて話し合いに応じてくれない時です。相手が言うことを聞いてくれないため話し合いでは解決できないので、公の場でなんとかしてほしいと訴えるわけです。

これは人と人との関係とする場合や、あるいは組織と一個人と取る場合もあるでしょう。いずれにしても訴える側が困っていて、訴えられる側は困っていません。そういう状況の中で、争いは避けなさいと書かれています。

訴えなければいけないような困った立場にならないように、争いを避けるためにはどうすればよいのでしょうか。

そこでもう一度、大きな視点に立って見てみると、今起こっているトラブルは突然起きた問題ではないとわかります。問題やトラブルの原因がすでに起きているとすれば、問題が起こる前、始まりを慎むことによって訴えなければならないトラブルにはならないと書かれています。

◆孚ありて窒がる

それでは、問題が起こってしまったらどうするのか。「天水訟」の時中には「孚ありて窒がる」と書かれています。問題が起こってしまうと、どれだけ孚があっても窒がってしまって通らないというのです。

この「孚」という漢字は、上が「爪」で下が「子」という組み合わせです。これは鳥の爪を表しているのですが、母鳥が卵を温める時に爪でゴロゴロと動かして適度な温度と湿度を卵全体に行き渡らせるようにして守っています。

本来、爪は獲物をつかんだり、木の枝につかまったり、自分や子どもを守るために戦ったりするので尖っています。その尖った爪を卵の殻に立ててしまうと卵が壊れてしまいます。

それで母鳥が卵を孵化(ふか)させるためには、翼の中に覆い、抱え込み、大切に腹の下にいれてゴロゴロと動かしています。その時、尖った爪で卵を壊さないように細心の注意をして、鳥の種類によって違いはありますが、およそ十七日から二十五日間もの時間を集中して過ごすのです。

その母鳥の心こそが「孚」という意味なのです。それだけ愛情のこもった誠心誠意が「孚」です。この話は「風沢中孚」という卦に詳しく書かれています。

しかし「天水訟」の時には、どんなに孚があっても通じないと書かれています。自分に誠心誠意があっても窒がって亨(とお)らないので、訴えることをやめた方がよいというのです。

たとえば遺産相続などで争った場合、訴えても通らない時には、どんなに仲の良かった兄弟でも恨みが出てきます。赤の他人よりも血の濃い兄弟の方が憎しみを増すことは少なくありません。もしそれを終わりまで貫き通そうとするなら、それはもし勝ったとしても凶であると書かれているのです。その後にもっと傷つくこともあるし、途中でやめた方が人生は豊かになると書かれているのです。

◆事を作すに始めを謀る

「孚ありて窒がる」とは、こちらの立場が本当は正しくても、訴え事は最初からやめなさいということです。どんなに理不尽で納得できないことがあっても、訴えなければならないような立場に立つこと自体を避けることです。人間関係で訴訟になる場合の多くは、人間としての未熟さからくるもの。訴訟はできる限り避けた方がよいのです。

また「君子もって事を作(な)すに始めを謀る」とも書かれています。何か物事が始まる時には、すでにトラブルの素因が内包されているために、後々に問題やトラブルが出てくるようになります。だからこそ、優れた人は何か事をなす場合、後に争いが起こらないように、最初によく考えて行動することが大切であると「天水訟」の卦は教えています。

「地水師」――組織を勝利に導くリーダーの条件

◆戦争は忌むべきもの

「地水師(ちすいし)䷆」は、上卦の「地」と下卦の「水」からなり、それは大地の中に豊かな水をたたえている形です。これは王様や将軍が多くの民を安んじて力を養っていることを表しています。

「師」とは軍隊のことで、戦争の意味があります。そして戦争は忌むべきもので、どんなに正しい戦いであっても、戦いそのものが忌むべきもので避けるべきものであるといいます。しかしとんでくる火の粉は払わなければなりません。

戦争はこちらから仕掛けるものではなく、国民や家族を守るため、生き延びるために、やむを得ず行うもので、国民がこの戦争は起こさざるを得ないと心が一致する場合のみ、正義の戦いといっています。

すなわち、利益や名誉を求めるような戦(いくさ)は決して起こすべきではないと教えています。

◆戦の原則

ただし戦う場合は決して負けてはならないと書かれています。まず戦いは忌むべきもので避けること、それでも避けられない戦いになった時は絶対に負けてはならないというのです。

しかしどう見ても勝てないような勢いの悪い時があります。そういう場合は我慢すること、あるいは逃げることで直接戦わなくてもいいような時間を稼ぐ方法を最大限に考えること。その時間を稼いでいる間に力をつけるようにしなさいと書かれています。

避けようがないのであればできるだけ正面衝突をしなくてもいいように時間を稼ぎ、その間に最大限の勝つための方策をしっかりと準備することです。その準備が整った時に初めて受けて立てと書かれています。

◆律のない組織は滅ぶ

そして何が一番大切かといえば、初爻に「師は出ずるに律をもってす」とあるように、「律」がなければなりません。戦いに出陣する前には、まず内部にしっかりとした「律」、つまり規律を持つことが大切で、それを怠ればたとえ一時的に勝利を得たとしても、必ず禍があるといいます。

「師」には軍隊という意味もあるので、このまま組織論として企業経営にも当てはまります。この律のない組織は滅びます。

また、現場の判断は現場の責任者に一任しなければならないと書かれています。律をもってするのは統制であって、将軍は現場の戦いに口を出してはならないというのです。その時の戦いの全体像をつかんでいるのはトップですが、現場での判断は現場のリーダーに任せなければなりません。組織は指示命令系統が二重、三重になると混乱して、どんなに強い軍隊でも負けてしまいます。

ある新聞社の社長が、「新聞社はいろいろと権力を持っている政府とか、さまざまな出来事に対して絶えず石を投げ続けなければならない」と語っていました。

しかし社長は、現場の編集長にこういう石を投げろとは言いません。記者たちが自分の思い思いの石を投げるのであって、社長が介入してはならないというのです。社長は新聞社の経営理念という会社全体の方向性を示すことで統制をとっていきますが、現場は現場の判断に任せるといいます。

たとえば編集長が書いた記事に、それはいけないとか、こういうことを書けということは言ってはならないと。そうでなければ新聞社は成り立たないと語っていました。

実はこれこそが「地水師」に書かれていることそのものです。これはいろいろな場面に応用できます。

◆リーダーは「律」をもって組織を動かす

したがって、この「律をもってす」とは、その規律が破られた時にその組織は必ず混乱して滅びるということです。

企業や組織は、どのようなことがあったとしても最後にはトップが責任をとらなければなりません。決してトップは逃げるのではなく、何があっても責任をとる立場にあります。

しかし個々の現場ではその責任者に一任し、思い切った仕事をさせてあげることです。そのために社長は企業のガバナンスのために経営理念を立てて全体に伝えなければばなりませんし、その経営理念を現場に周知徹底するのは中間管理職の役割です。

現場は経営理念をブレイクダウンして周知し、個々の社員がその個性と能力をもって最大限に役立つ最大の仕事をすることです。

この「律」を破った場合、たとえ一時的に勝利を得たとしても、必ずその後に負けると書かれています。

「天雷无妄」――自然に学び、自然体を生きる

◆天の理に生きる

「天雷无妄（てんらいむぼう）☰☳」は、上卦の「天」と下卦の「雷」からなり、天の下で雷が轟（とどろ）くということから、天の理にかなって動くという意味があります。

「无妄」の「无」という字は「無」という字の古字で、最も古く、古典の中で「无（む）」と読みます。四書五経の中では、四書は孔子以降、五経は孔子以前なので五経が一番古いのですが、その五経の中でも「无」が使われているのは易経だけです。これによっても易経は最も古いということが明らかになっています。

そして「妄」は、みだり、道理に外れるという意味なので、「无妄」とは「妄りがない」という意味になります。

◆无妄とは自然体のこと

「天雷无妄」の時中は「无妄は元いに亨る」と書かれています。つまり妄りがなければ物事は通るということです。

実はこの无妄とは自然体という意味なのです。策を弄さない、策を用いず、期待せず、自然に即するということです。しかし私たち人間にとって一番難しいのが、自然体になることです。

私たちの内にある欲によって、何かに期待してしまうという人間の性はいかんともしがたいものがあります。「妄りをなくせば亨る」といわれても、さまざまな欲望に振り回されて作為してしまう人間にはとても難しいことです。

だからこそ易経には「无妄は災いなり」と書かれ、古くから无妄の時は恐れられました。ところが私を含め、易経を本当に愛して、たまらなく好きな人たちは、易経の中で一番好きな卦が「天雷无妄」であるといいます。

◆天災と人災

さて「天雷无妄」には天災と人災についても書かれています。天災は「災」、人災は「眚」として「災眚」と読みます。この災には「く」の字が三つありますが、これは川の象形文字で、水を示しています。これは川の水が氾濫したり、とてつもない津波や洪水によって被害を受けたりする天災を表しています。

天災はまさに水と火によって無防備に降りかかってくるものです。また、天災からの二次災害、三次災害は人災となりますが、ここでは天災よりも人災の方が怖いと書かれています。この人災を「眚い」といいます。

自然に逆らう時は先ず人災があり、人災が天災を呼び、天災と人災が増幅するといいます。

また自分が原因をつくらなくても降りかかってくる人災の眚いもあります。さらに人災の中に自分が原因をつくってその結果として降りかかってきた災いも眚いとされています。あとは一般的な他の人のつくった人災によって降りかかってきたものもすべて人災、つまり眚いになります。

二〇一一年三月十一日に起きた東日本大震災の時、テレビの映像を見ながらいても立ってもいられないばかりでなく、正直に言って自分がのうのうと生きていることにとても恥ずかしい思いをしました。その映像に映っている姿に重なって、そこで自分自身の命が失われていくのも不思議ではないと、本心からそう思いました。その上でこれから言うことを誤解なさらずに耳を傾けていただければと思います。

私たちがくしゃみをしたり、夜寝ている時に寝返りを自然にうったりするように、地球がくしゃみや寝返りをすることがあって起こる自然の現象が、すべて私たち人間から見ると天災となってしまうのです。

つまり、地球が気の通りをよくするための火山活動や地震など、自然の変化は悠久の時の流れの中で起こっているのです。そこに人間の作為ある活動が絡むと人災が起こります。自然の火山活動や地震は天災ですが、環境破壊からくる気候変動によってもたらされる豪雨や川の氾濫などは、天災のような人災といえます。人間の暮らしを直撃し、破壊をもたらすうえに避けることが難しい、こうした災害にどう向き合うべきかが大きな問題です。

◆无妄は亨る

无妄とは自然のままに、あるがままに受け容れることによって通じるということなのです。そうなると人の欲にかられて動くことはすべて无妄ではないので通じないということです。人が欲求を満たすために期待するすべては裏切られるし、そのための計画はすべて中止になり、否定されることになります。

しかし歴史の中で无妄が亨る時がありましたし、現代においても亨る時があります。果たしてそれはどういう時なのでしょうか。

◆无妄の人　山岡鉄舟

幕末に江戸城を無血開城に導いたのは山岡鉄舟（てっしゅう）でした。この歴史的な表舞台に立っていたのは官軍を率（ひき）いていた西郷隆盛と幕府の全権を委任された勝海舟（かつかいしゅう）であることはあまりにも有名です。しかしその裏側で西郷隆盛と勝海舟の会談を実現させるために無私無欲で行動した山岡鉄舟の活躍があり、ここに「天雷无妄」が実現したと読むことができます。

易経には、どんな時代でもその時の世の中を救い変革していく人物は、必ず下から登場すると書かれています。当時、山岡鉄舟はまったく無名、無冠の剣客でした。いうなれば潜龍の位で、世には知られていませんでした。

勝海舟は最初に事前交渉を高橋泥舟（でいしゅう）に頼みましたが、高橋泥舟は徳川慶喜の警護係をしていたため、義理の弟である山岡鉄舟を推薦します。それで勝海舟は山岡鉄舟に親書をあずけて西郷隆盛との事前交渉に向かわせます。

まさに山岡鉄舟は无妄の人でした。天の命に従い、死を覚悟して誠心誠意を尽くし、誠だけをもって西郷隆盛と交渉をしました。山岡鉄舟の誠が西郷隆盛の琴線（きんせん）にふれて、江戸城の無血開城という奇跡が起こりました。

西郷隆盛は勝海舟との歴史的な会談を終えて、「徳川家はさすがに三百年の大将軍だけあって、えらい宝物をお持ちですなぁ」と勝海舟に言います。どういうことかと尋ねると、「命もいらず、名もいらず、官位も金もいらぬ人は、始末に困るものなり」と山岡鉄舟のことを話し出しました。そして「この始末に困る人ならでは、艱難（かんなん）を共にして国家の大業は成し得られぬなり」と言いました。

これが「天雷无妄」に示された山岡鉄舟という无妄の人なのです。

◆自然農法の福岡正信と奇跡のりんごの木村秋則

　また「天雷无妄」には、「耕穫せず、菑畬せざれば、すなわち往くところあるに利ろし」これとは別に「耕さずして獲る。菑せずして畬する時は、往くところあるに利あり」という読み方もあります。少し難しい言葉ですが、この「菑せずして」とは開墾しない土地という意味です。また「畬する」とは、既に作物が取れるこなれた土地という意味です。田畑を耕さなくとも収穫があると読むことができます。つまり、无妄であれば、大自然は万物を養うという意味です。

　この大自然の无妄の力をもって自然農法を実践したのが福岡正信氏で、「藁一本の革命」を展開して世界に大きな影響を与えました。福岡正信氏は四国の「自然農園」という農地で、田を耕さず、農薬を使わずに自然のままにする農業を現実のものにしました。自然農法の四大原則＝不耕起、無肥料、無農薬、無除草。つまり「何もしない」で自然に近づける。これこそ「天雷无妄」であるとそのまま読み取ることができます。

　この福岡正信氏の自然農法に学び実践したのが、青森のリンゴ農家の木村秋則氏でした。まったくの無農薬で、しかも肥料を与えず、自然農法によって奇跡のリンゴを作ることに成功しました。木村秋則氏は十年の歳月をかけて努力を重ねながら、リンゴづくりに没頭したわけですが、その期間というものは「天雷无妄」の人でした。つまり災いだらけであったということです。

限りなく自然に近づけたこと、よけいなことを一切やめて自然の力を最大限に活用したことで奇跡のリンゴを作ることができたといいます。これこそ「淄せずして畬する」という易経の言葉そのものです。人が作為せず、自然の法則のままに任せたら、天は万物を養うということを私たちに教えてくれています。

◆自然治癒力こそが病を癒やす

また他に「无妄の疾（やまい）あり。薬することなくして喜びあり」と書かれています。これは病気になった時、何もかも薬に頼るのではなく、自然の力に任せて治すことができるという意味です。

ある薬剤師さんの全国組織と製薬会社では易経を何十年も学び続けて、自然治癒力をつけることを最大の目的にしています。その会社と組織は薬に頼らず、人間が本来持っている自然治癒力を引き出すことを大切なテーマとして掲げています。

人間は不自然なことが重なった時に病気になります。したがって病気は身体を自然に戻すことで自然治癒力が高まり治癒します。

私はある時に三十八度五分ほどの熱で体調を崩してしまいました。翌日には大切な約束があるので、なんとかしなければと困ってしまいました。

熱の原因は疲れと睡眠不足だったと思われましたので、まず食べることをやめて、たくさん着込んで、たっぷりと水分を取りました。そして柚子（ゆず）湯などの熱いものを飲んで、着ぐるみのように布団を重ねて寝ました。まるで海のように汗をかいて、夜中に三回着替えをしました。それでやっと八時間後には平熱に戻りました。

さらに深く眠ることが急激な身体の変化に対するストレスを緩和することになるため、その後もこんこんと眠り続けました。その結果、約束の時間には病気になる前よりもスッキリと元気になりました。

これが自然の治癒力です。私たちの身体は不自然さによって免疫が落ちてしまいます。その結果、体内の毒素やウイルスなどに抵抗するために体温が上昇します。熱は病気を治すために闘っている証しで、薬で無理矢理に下げるのは好ましくありません。薬を使わずに熱を下げるためには、汗とお小水（しょうすい）の形で外に出すことです。そのために水分補給が必要となります。

しっかりと水分を取って自然の発汗を促すことで、自然治癒力を引き出して病気を治すということです。私たちは健康であれば免疫力は高いので、もともと備わっている自然治癒力が発揮されます。

◆良寛さんの教え「災難にあわぬ法」

それでは「天雷无妄」の精神とはなんでしょうか。それは自然体ということになるのですが、良寛(りょうかん)さんの言葉にその神髄を見ることができます。

文政十年（一八二八年）に栄町（現新潟市三条）で大きな地震が起こり、多くの死傷者や家屋の崩壊などの被害が出ました。良寛さんは島崎（現長岡市）で暮らしていましたが地震の被害は小さかったようです。その際に大きな被害を受けた栄町に暮らす親しい知人の山田杜皐(とこう)に宛てたお見舞いの手紙の中で次のように結んでいます。

しかし災難に逢時節には災難に逢がよく候
死ぬ時節には死ぬがよく候

是ハこれ災難をのがる丶妙法にて候

良寛

天災が起こった時、今あるがままを受け容れることが「天雷无妄」の時です。もし自然がいつも人間に対して友好的な存在であれば人類は発展しなかったでしょう。人間は、災害という厳しい試練があったからこそ発展することができました。

私たちの人生もまた、友好的で生きやすい環境ばかりが与えられていたとすれば、私たちは成長したでしょうか。春夏秋冬という自然の営みの中で、私たちは厳しい冬の時代を受け容れ、試練を乗り越えることで鍛えられ、人間としての深みや厚みを涵養することができるようになります。

目の前に起こった出来事をあるがままに受け容れることによって、苦しみや哀しみから一歩を踏み出すことができるという良寛さんの言葉が温かく胸に響きます。良寛さんの言葉は、「天雷无妄」が教えている自然体であることの神髄がぴったりと重なっているように思います。

「山沢損」と「風雷益」——損と益

◆「山沢損」

「山沢損（さんたくそん）䷨」の卦は、上卦の「山」と下卦の「沢」からなり、下にある沢が自ら身を低くすることで、山をさらに高くします。「損」は単なる損害ではなく、世のため人のために奉仕するために自ら損（へ）らすという奉仕性を意味しています。

◆損と益は一対

損と益は一対で、損は益になり益は損になります。ちょうど満月が新月になり、新月が満月になるように循環しています。ここで注意しなければならないのは、損益の「益」は「得」という字ではないことです。したがって「損益」は損得の話ではなく、まったく次元を異（こと）にしています。

損は減らすこと、益は増すという意味になります。多すぎるところから減らして、少なく足りないところへ増すように持っていく。損得勘定とは違います。損と益で対の卦であると教えています。

◆孚のある損と孚のある益

そこで大切なポイントは、いずれも「孚」があるということです。「天水訟」の卦で紹介した「孚」です。

孚のある損は必ず亨ります。孚のある益もこれを生かすことができます。しかし孚のない損はずっと損でしかありませんし、自分だけではなく相手までも損をさせます。また孚のない益は必ず滅びます。

孚のある時の損とは、損をすべき時の損です。これは損をすべき「時」があるという意味です。それは必ず孚のある損なので、必ず益につながるということです。

もう一度繰り返すと、損すべき損は孚のある損なので永続的利益につながると書かれています。そのためには損得勘定を捨てなくてはなりません。目の前の得を捨てることによって、損すべき損で永続的利益につながるという意味です。

◆シームレス・ストッキングの販売戦略

たとえば昭和三十年代に厚木ナイロン工業（現アツギ〈株〉）がシームレス・ストッキングを開発しました。現代の若人たちにはわからないかもしれませんが、昔々の女性のストッキングといえば製造する時に各部を縫い合わせているので足の腿から足首までの裏側に縫い目（シーム）がついていたのです。このストッキングは、上手にはくと格好いいのですが、下手にはくと縫い目が曲がってみっともないので多くの女性たちは苦労しました。この縫い目をなくしたのがシームレス・ストッキングです。

この素晴らしいアイデア商品はすぐには売れずに苦戦したようです。もしこの時代に経営者であったとしたら、どういう販売戦略を描くのかについて考えてみるのもよいでしょう。

実際には、この時に五十万足の見本を提供しました。誰に提供したかといえば、五十万足のうち三十万足を高校三年生の女子にプレゼントをしたのです。これから社会に旅立つお嬢さんに卒業の時にプレゼントをしたという視点が素晴らしかったと思います。

この便利なストッキングは一度経験してみれば、その使いやすさから多くの女性たちが継続的に使い続けたからです。

そしてシームレス・ストッキングをはいたミス・コンテストの企画など、次々と大きく広報活動を展開することで爆発的に売り上げを伸ばしました。

ここでの最初の五十万足の無料提供は相当な損ですが、損すべき損であったことは間違いありませんでした。

◆時流には乗らない

もうひとつのたとえ話をすると、一九八〇年代の後半の日本はバブル経済で沸いていました。ある資産家の親子ですが、父親は会長職で息子に社長を譲っていました。そこに銀行がやってきて不動産投資の話を提案してきました。銀行の話では、その土地は一等地で必ず値上がりするというので契約書まで作ってきたといいます。そして、すでに転売先も見つけてあるというではありませんか。息子は「これは儲かるかな」と思いましたが父親に相談するということで判断を保留しました。

そこで家に帰って父親に相談すると、「うちは銀行からお金を借りなければならないほど困っているのか？」と聞かれたので、「いいえ、困ってはいません」と答えました。すると父親は「じゃあ、借りるな」と言って、その話は終わってしまいました。

この父親の言ったのは「時流に乗るな」という話です。その時に世の中がそういう動きであったとしても、たとえ目の前に確実に得をする話があっても、時流に乗ってはいけません。結局、息子の周囲にいた時流に乗った人たちは、後にバブル経済が崩壊して苦境に立たされたといいます。

繰り返しになりますが、時流に乗るものは時流によって滅びます。時流という現象は確かにあって、目の前の「得」がぶらさがっているように見えます。そして目先では得して儲かるかもしれないが、必ず物事の本質を見失うというのです。物事の本質を見失った時、観る力はまったくなくなり、それで時流に翻弄され滅ぼされてしまうのです。

◆質素倹約に努めて時を待つ

また「山沢損」の卦には「二簋もって享すべし」とあります。「簋」とは祭祀に使う器で、通常は八簋を用います。これを二つに減らして供え物を捧げなさいというのですが、これは最も大切な供え物を減らすほどに質素倹約に努めて時を待ちなさいという意味です。

ここでは日常生活においても、あらゆる面で倹約しなさいといいます。大切なお供えを倹約するということから、日常生活でどれだけ倹約したらよいかが窺い知れるのではないでしょうか。現代に直すと冠婚葬祭にかかる費用も減らして、見栄など張らずにとにかく倹約して減らしなさいということです。

時に投資すべきことがありますが、日常生活から減らしているとすれば、その投資に真の価値があるかどうか再三再四にわたって考えるようになります。しかし追い込まれて余裕のない人は、ジタバタしてなんとか時流に乗ろうとしてしまいます。それが私たちの性(さが)でもあります。しかし時流に乗ってはなりません。

◆「風雷益」

「風雷益(ふうらいえき)䷩」の卦は、上卦の「風」と下卦の「雷」からなり、雷が動くと、風も動き、風と雷が互いに助け合い、勢いが増している状態を表しています。「益」は増すことで、この卦では、上を損して、下を益して富ませるという意味になります。

◆「益」はより公のために使う

次に「風雷益」の卦を見ると、益が増す時は個人が益すのでなく広く社会のために、また自分のためにガンガン使ってはならないと書かれています。より公益のために必要なところに使うのであって、自分のために気楽に使ってはなりません。

十二消長卦のところで、「地天泰（ちてんたい）」の卦を見てきましたが、安泰の時は気が緩みがちになります。安泰の時を長く保つことができるかは、「平かなるものにして陂（かたむ）かざるはなく」という戒め、つまり安泰の時であればあるほど決して怠りと油断しないという危機管理を肝に銘じているかどうかにかかっています。

しかし私たちは君子ではなく普通の人、つまり小人です。易経のことを知らないで、あるいは知っていても忘れてしまって自分のやりたい放題となりがちです。それで益の時に収入が増し、「儲かったからいいではないか」と自分勝手に使ってしまわないようにと書かれています。

それではずっと倹約をしなければならないかというと、出すべき時は出すことが必要です。損と益が循環になるものであれば、たとえ桁（けた）が大きくても出すべきです。それは個人の儲けだから自分勝手に使っていいのではなく、また享楽（きょうらく）や楽しみのためだけに使うのではありません。それは孚のない益となるので、悪銭身につかずとなって手元には残りません。

そして損の時で収入がなくても、使うべき時は使わなければならないといいます。日常生活をどんなに質素にしても、もし損と益の循環の中において必要な経費であれば何としても工面しなければならないと書かれているのです。それこそが「孚の益」につながる「孚の損」であるというのです。

◆高貴なる喜捨

これは資産だけのことではなく、人生のあらゆる面で応用されるべきものです。たとえば仏教の思想に「喜捨」という言葉があります。これは喜んで捨てると書くのですが、これは己を損して他のために益するという意味です。これを孚の損といいます。

別の表現をすると、「下座行」といいます。人よりも一段と低い位置に身を置き、社会奉仕や社会貢献をしていくこともまた孚ある損でありましょう。このような孚ある損は、必ず循環して益となります。

孚ある損の中には「税金」という言葉もあります。そもそも税金が孚ある損なのか、孚のない損なのかが問われます。社会がうまく循環していれば国民が収入の中から税金を支払い、政府がそれをうまく運営すれば孚のある損になります。国家財政が厳しいから国民から搾（しぼ）り取るというのは、国民にとって孚のない損になるでしょう。孚のある損であれば必ず、時々刻々と変化していく中で損は益に変化します。

国家ということを考えた場合、国家の基とは何でしょうか。そこから考えれば孚のある損か、孚のない損なのかがわかります。

国家の基とは何かといえば、それは国民です。これは何千年も昔から民が国の基であって、帝王ではないといいます。損の道というのは、なるべく下を損させず国家を益するという工夫をもって道を求めるべきであると書かれているのです。何のために税金を徴収するのかといえば、国民のために健全な国家財政にするためです。

◆孚のある損は孚のある益に変わる

繰り返しになりますが、孚のある損は時が来たら必ず孚ある益に変わります。たとえば友達がお金で困っていたとします。その友達のために単にお金を用立て助けてあげるのは孚ある損ではないというのです。

誰かが困っているからといって、全面的に、また金銭の面でだけ助けることが真に善いことではなく、依存心を育ててしまいます。その友達が自立して生きていけるための手助けであるとすれば、それは孚ある損ということができるでしょう。

それは友達だけではなく、家族であっても他人であっても同様です。孚のある損は頭を使い工夫しなければなりません。孚のない損はいい加減で無責任なのです。

それで益の場合、上位者が利益を独占せずに下位のやる気のある人を掬（すく）い上げて事業を興させれば経済が循環し、社会全体の利益につながっていく孚ある益だと書かれています。

◆損軒から益軒へ

『養生訓』で有名な貝原益軒（えきけん）という漢学者がいます。貝原益軒は易経をとことん勉強して何十年もの間、自らを損軒（そんけん）と名乗っていました。

「山沢損」の卦に「忿（いかり）を懲（こら）し欲を窒（ふさ）ぐ」という言葉があります。忿怒（ふんぬ）と欲ほど自分の徳を破り、人生を滅ぼすものはありません。そこで身の修養を考える時には、まず怒りや欲を損し減らすべきであると教えているのです。

それで貝原益軒は、「忿を懲し欲を窒ぐ」という言葉をもって、福岡藩に仕えている間は貝原「損」軒と名乗っていました。七十一歳で役職を辞して、亡くなる一～二年前に損を益に改めて貝原「益」軒と名乗りました。

「風火家人」――円満な家庭をつくる智慧

◆家庭の基とは

「風火家人(ふうかかじん)☴☲」の卦は、上卦の「風」と下卦の「火」からなり、下に火が燃えていて、風が温まり吹き上げています。

家人とは家族という意味です。家庭が円満であるためには、夫婦、親子、兄弟がそれぞれに役割を果たすことです。それを皆がわきまえて、身を正すことで、家はおさまるのだと説いています。

この卦は、家族関係の基本的な考え方、また家族のあり方について教えています。

◆家庭円満の秘訣

「風火家人」の卦は、すべての基本は家にあるとして、時中には「家人は女の貞に利ろし」と書かれています。つまり女の人がしっかりしないと家庭は治まらないということです。

ここには家庭のあり方の中に喜びや愛情という言葉は一切出てきません。前提として家庭に愛情があるのは当たり前だからです。もし健全な温かい家庭であれば、愛情も喜びもあって当たり前なので、わざわざ愛情が大切であるなどと書かれてはいないのです。逆に、妄愛を慎むこと、厳君が必要であることなどが強調されています。

家庭が円満であるためには、女の人がしっかりしていないといけません。それが成り立つためには厳君として、男の人がしっかりしていなければなりません。この時の「厳君」とは横暴に威張り散らすのではなく、規律としての「律」が必要であるということです。実は男の人にとって厳しい教えの卦なのです。

厳君がいて家風がつくられるといわれますが、円満な家庭をつくるために父は父として、母は母としての役割を果たしていくことが大切であるといいます。

「父は父たり、子は子たり、兄は兄たり、弟は弟たり、夫は夫たり、婦は婦たり、しかして家道正し」

すべての存在には区別役割があるように、家族の一人ひとりがその役割を果たすことで、家が定まり調和するという意味です。

◆家の中心となる厳君

この時、家の中心としての厳君が必要で、男の人がしっかりしないと成り立ちません。古くから「女子と小人は養い難し」という言葉があるように、男の人がしっかりしていないと家族に振り回されて家は治まりません。女の人に手の平の上で転がされていたとしても、それは決して悪いことではありません。男の人には「ダメなことはダメ」と言える規範となる律があるかどうかが問われるのです。

よく女の人や子どもは楽しみに溺れがちだといわれますが、情に流されてけじめがつけられない家庭になってしまうことも珍しくありません。そこで男の人が厳君としての役割を果たさなければならないのです。

「風火家人」の卦には極端な話が出てきます。それは、口やかましい父親は嫌われるけれど、何も言わないで野放しとなり、喜びを追求して楽しんでいる家庭よりもはるかにましだと書かれています。なぜなら、騒々しく「キャッキャ」と遊びを主にする家庭には律がなくなるからです。

律がなくなるとは、先に「地水師」の卦で紹介したように「これくらいはいいじゃないか」から始まります。そもそも人間は楽しさに溺れてしまいがちですが、そうすると子どもは育たないというのです。子どもには制約があった方がよく、きちんとした律がなければ必ず家庭は乱れてしまいます。困ったことがあっても、その場しのぎの安易なごまかしで済ませていくと、後々にもっと大きな問題になります。

◆家庭における「律」

家庭における律とは何か、それは厳君がいることです。場合によっては母子家庭もありますので、その時は母親が厳君でなければなりません。ダメなことはダメとはっきり言えること、その枠内において楽しむこと、また厳君がいないと家庭料理は成り立たず、外食や店屋物が多くなり、いろいろとルーズに流れていきます。妻が夫を尊敬できなければ家庭は必ず乱れます。

子どもは父親の背中を見て育つので、うるさいことを言う必要はまったくないのですが、それができない場合はガミガミ親父の方がまだよいのだと書かれています。厳君がいなければ女の人は子ども本位、自分本位になっていきます。母親として子どもへの愛情に溺れて妄愛となり、何か事件が起きた時に「うちの子に限って」となってしまうのは厳君がいないからです。

男の人はしっかり仕事をしていれば家庭での時間が少なくて当然です。しかし存在感があることが厳君なのです。昔は「これはお父さんがダメだと言うのだからダメよ」という言葉が成り立っていました。最近は「いいのよ」という母親が増えていて、厳君が立つことは難しい状況のようです。

◆家を斉えることが天下国家の基となる

「家を正しくして天下定まる」とは、家庭を正しく治めたならば、それが社会全体に波及していくし、家庭生活のあり方が天下国家に反映するという意味です。

家を安らかにするためには、自分の心を安らかにして身を修めることが第一です。そして家を安らかにして、一家が和やかに睦(むつ)み合い、譲り合えば、その気風や美風が天下に満ち満ちていくようになります。これは四書五経の『大学』に八条目として反映されている考え方です。

古の明徳を天下に明らかにせんと欲する者は、先ず其の国を治む。其の国を治めんと欲する者は、先ず其の家を斉う。其の家を斉えんと欲する者は、先ず其の身を修む。其の身を修めんと欲する者は、先ず其の心を正しうす。其の心を正しうせんと欲する者は、先ず其の意を誠にす。其の意を誠にせんと欲する者は、先ず其の知を致す。知を致すは物を格すに在り。（『大学』より）

この『大学』に書かれている八条目の考え方の元は易経の「風火家人」です。家を正しく治めれば国家が定まるとし、すべては家庭が基であるということです。それぞれの役割を果たして、責任を持ちながら仲良く暮らしていく家庭があってこそ天下が治まる基となるといいます。

女の人が男の人を認めないといった家庭で、まともな人間は育ちません。しかし今や日本もその危機にあります。女の人が男の人を認めないと、好き放題、勝手放題と何もかもがなおざりになっていきます。

個人としての喜び楽しみがあってしかるべきですが、それをメインに追求すると必ず家庭は乱れます。家風もつくられていきません。家庭において厳君となる男の人がしっかりしないと女の人もしっかりできないというのです。

天下の理を知る

◆「繋辞伝」に学ぶ人生の智慧

繋辞伝は、易経を東洋の第一級の思想の書とした功績があります。なかなかの名文で、じっくりと読んでいくと心に響くものがあると思います。

「易簡にして天下の理得らる」

易簡とは最初に紹介した易の三義（変易、不易、易簡）の一つです。すべてのものは時々刻々と変化することが変易です。その変化の仕方には原理原則があり、変わることがないというのが不易です。そして変化や原理原則を知るのはとてもやさしくて応用することは簡単で、それが智慧になるというのが易簡です。

万象が原理原則によって変化するという、この理法を日々の実践に生かすことによって、世の中の複雑な出来事に、単純明快にして簡潔な一本の道筋を見出すことができるようになります。それが天下の理であり、それをつかむ実践を智慧といいます。

◆吉凶の真の意味

「吉凶とはその失得を言うなり」

吉は良いことが起き、凶は悪いことが起きるというのが一般的な認識です。しかし本来の吉の意味は「正しい道を得る」ことで、凶は「正しい道を失う」ことです。

吉と凶についてはすでに春夏秋冬のたとえで説明をしています。春に種を蒔(ま)いたら通じる話なので秋の実りが得られます。しかし冬の氷の上に種を蒔いても通じない話なので中途挫折をして結果を失います。

吉凶について、結果を得るか失うかという能動的視点に立って、対処を探求し努力するのであれば「禍を転じて福と為す」道を見出すことができます。

易経を学んだ人たちから、本来の吉と凶の意味を知って、いたずらに凶を忌み、脅えなくなったという話をよく聞きます。

◆吉凶の分かれ目は悔吝にあり

「悔吝を憂うるものは介に存し、震きて咎なきものは悔に存す」

吉凶の分かれ目は「悔・吝」にあると先に説明しました。繋辞伝に「悔吝を憂うるものは介に存し、震きて咎なきものは悔に存す」とあります。吉凶の境目を「介」といい、何かが起こった時の小さな傷が吉の世界になるか、凶の世界になるかを決めるのは悔と吝であるといいます。悔とは後悔することであり、吝とは吝嗇・けちる・嫌がることです。

第一章で企業の不祥事とかクレームのたとえ話をしましたが、現象面にとらわれて翻弄されていると、物事の本質を洞察したり大切なものを察知したりするといった観る力が弱まります。しかしこの観る力があれば、今起きている事柄を兆しとして素早く察知して、小さな傷のうちに対応するようになります。
これは小さい傷だが、やがてはわが社の興亡につながるとんでもないことになるかもしれないと、すぐに後悔した時に改めることです。改めることに最初は苦労しますが、やがて必ず吉の世界へつながっていきます。

吝は何をけちるかというと、後悔することをけちるのです。「いいよ、大丈夫だよ、今までもうまくきたからこれからもうまくいく」と自分に言い聞かせます。そして今起こっている事柄を観る力がないため、あるいは心のどこかでダメだとわかっていても見ないように、自分から目をつぶってしまいます。

そして惜しんで、けちって、後悔し改めなくてもしばらくは儲かるし、何の問題もありません。しかしやがて時が窮まって、初めてそこで突然に凶になるというのが吝なのです。

吉凶の分かれ目は「悔・吝」にあるわけですが、恐れ震えて咎めがないのが悔で、また凶になる兆しが吝です。そして凶が吉になる兆しが悔ということになります。

「震きて咎なきものは悔に存す」とは、震えおののくほどに悔い改めた時に初めて流れを変えることができ、咎がなくなるという意味です。クレームなどの小さな傷が放っておくととんでもないことになるという兆しを観る力があると、そこで恐れ震えるほどに悔い改めて初めて流れを切り替えることができます。改めるために苦しい状態がもっとひどくなったとしても、もう既にその段階で吉の世界に入っているというのです。そのくらい吉と凶は明確な分かれ目があります。

◆言行は君子の枢機なり

「言行は君子の枢機（すうき）なり。枢機の発は栄辱の主なり。言行は君子の天地を動かすゆえんなり。慎まざるべけんや」

「枢機」の枢は中枢であって最も大切なもので、機は精巧な仕組みの要という意味です。木偏のない「幾」には兆しという意味があります。幾という字のもともとの成り立ちは糸が二つと戈（ほこ）の組み合わせからなっていて、これは人の首に糸筋（いとすじ）ほどの近さで刀が迫っているという意味です。糸筋ほどの近さなのですが、見えなかったら見えないというので、これを兆しというのです。これに子どもの子をつけて「幾子（いくこ）」さんとか「幾子（ちかこ）」と読ませるでしょう。時の意味ですが、「わずか・ちかい・ねがう」という意味もあります。

木偏を付けると機械仕掛けの機になります。ほんの小さな回転軸で大きな機械が動くわけです。その小さな軸のことを機といいます。つまり大きな機械の一点のツボにあたるわけです。

そのツボを押した時にそこからすべてが動き出すというのは、機会というチャンスともなります。それまでまったく動かなかったプロジェクトが、その一点のツボを押しただけで急に展開し出します。これが機が会った時に実現するという機会の意味です。

さて「言行は君子の枢機なり」とは、君子の立場にあるリーダーの言葉と行いこそが、天下の仕組みを動かすための最も大切な要であるといいます。私たちはたとえ小人であっても、君子の立場に立った時には、君子としての言行をもつべきであると教えています。

これによって君子としての名誉も辱め（はずかし）も決まるというのが「枢機の発は栄辱の主なり。言行は君子の天地を動かすゆえんなり。慎まざるべけんや」という言葉です。周囲に影響の大きな責任あるリーダーは、その言葉と行いを深く慎まなくてはならないでしょう。

◆物事を正しく判断し、行うべきことを行う

「上と交りて諂わず、下と交りて瀆れず、それ幾を知れるか」

物事のわずかな機微を察知する人は、上の人に対して恭順であっても決して諂うことはしません。また下の人に対しても親しく交際したとしても馴れ合いにはなりません。

幾とは動の微で、物事が動き出すかすかな気配のことをいいます。君子はこのようなわずかな兆しを知っているので、自分の地位を利用して下にいろいろと都合をつけさせることはしません。観る力のあるリーダーは、上下のけじめをつけるのは、諂いや馴れ合いの関係が後々に問題を起こすことを知っているからです。

また「君子は幾を見て作つ」という言葉があります。兆しがどのような結果を教えているかを知っている人は、なすべきことを即刻行動することができます。もしリーダーが上に諂い、下に瀆れているとすれば、人間関係のしがらみに縛られて、物事を

正しく判断することはできないでしょう。これはリーダーが君子の立場で、行うべきことを行うべき時に迅速に行動するために大切な心構えなのです。

実は吉田松陰が同じようなことを言っていました。

「成し難きものは事なり、失ひ易きものは機なり。機来り事開きて成す能はず、坐して之を失ふものは人の罪なり」

（訳）成し遂げることが難しいのが事業である。失いやすいのは機会である。機会が来て、事業を始めても成し遂げることができず、何もせずにこの機会を失ってしまうのは人の罪である。（『吉田松陰一日一言』川口雅昭編〈致知出版社〉より）

人の罪とはすなわち人災です。つまり「君子は幾を見て作つ」ことができなくなってしまうという意味です。今がその時だったら成し遂げなくてはならないし、進まなくてはなりません。出るべき時に出て、止まるべき時に止まる、退くべき時には退き、待つべき時には待つ。それがリーダーの出処進退というものです。
重要な一大転機が来たら、君子はその兆しを観て作つのです。したがって機会が訪れた、その兆しを観たら君子は作たなくてはならないのです。

◆言は意を尽くさず

「書は言を尽くさず、言は意を尽くさずと」

言葉で言い表したことを書物に書き尽くすことはできません。また、言葉は心で動き感じることを言い尽くすことができません。

そこで易経は、言い表したいことを残らず網羅するために、事象を象る「象」と、時と処と位を示す「六十四卦」と、それを解説する言葉「辞」によって、あらゆる変化とその奥義を表そうとしています。

◆形而上と形而下

「形よりして上なるもの、これを道と謂い、形よりして下なるもの、これを器と謂う」

ここから形而上、形而下という言葉ができました。ここでいう形而上とは、目に見える形になる以前の実在をいいます。それが一陰一陽の「道」であり、易の精神であり、変化の原理であるということです。

そして道が目に見える現象として具体的な姿・形・言葉・行動で表現されたものを「器」といいます。道はその器に盛り込まれた内容をいいます。

私たちは器を通して道を学び、物事の本質を知るようになります。

◆事業とは

「化してこれを裁する、これを変と謂い、推してこれを行う、これを通と謂い、挙げてこれを天下の民に錯く、これを事業と謂う」

時に応じて物事を切り盛りし、適宜に処置して変化させ、さらに推進して物事を通じさせること。この変通の道理によって社会の道を整え、民を導くことを「事業」といいます。

これが「事業」という言葉の語源となりました。本来、事業とは社会貢献を指すものです。

◆生成発展の原動力

「天地の大徳を生という」

天地の徳の中で最も大きなものを生といいます。天地は生きとし生けるものをしっかりと生かすために規則正しく循環し、絶えず生成発展しています。人もそれに倣わなければいけません。たとえばリーダーたらんとする人は、あらゆる人を生かすように考え、指導していくべきです。

◆理財と企業倫理

「何をもってか位を守る、曰く仁。何をもってか人を聚むる、曰く財。財を理め辞を正しくし、民の非をなすを禁ずるを、義という」

この「財を理め」は理財の語源となりました。理財局の理財の出典となっています。

さて、この一文からは企業倫理として読み取ることができます。実は、「何をもってか位を守る」の上に「聖人の大宝を位という」という言葉があります。聖人とは昔の王様を指しますが、それが天地にならって聖人の「位」を大きな宝であるといいます。そこから「何をもってか位を守る」と続いているのです。その大きな宝である位を守るためには何が大切かといえば、仁という大きな愛情であると書かれています。

企業にとって大きな愛とは社会貢献という意味でもあります。企業は一私人ではないので、人の役に立とうという意志、社会貢献の精神をもってその位を守るものなのです。

それでは「何をもってか人を聚むる」の人とは、企業にとっては株主、顧客、従業員、従業員の家族、地域社会、世論というすべてのステークホルダーが入ります。その人たちを、何をもって集めるかといえば、ここに「曰く財」という言葉が出てきます。企業が利益を追求することは当然の義務であり、経済が回っていく企業には人が集まります。企業はその人々を守らなくてはなりません。

易経は「利は義の和なり」（文言伝）といっています。利益を追求すると義が廃（すた）れるとか、正しい経営をすると利益が見込めないということはありません。財を埋めること自体がすでに正しい経営なのだといいます。

すなわち「財を理め」とは、孚（まこと）ある損をして、孚ある益につなげることであり、孚ある益はまた孚ある損を生み出してより孚ある益につながって循環していくという意味でもあります。それでこそ企業が人を集め、人を養い育てることができます。

そして次に「辞を正しくし」の「辞」とは言葉のことです。経営者は明確な言葉で意思を示し、常に生きた言葉を発し、目的を伝え多くの人を惹きつけます。対外的にも透明性を示し、経営者の本気度も伝わります。それができて初めて経営者は、「民の非をなすを禁ずるを、義という」。すなわち、利益だけを追求せず、企業に集まる人々が非合法な過ちを犯さないように、企業倫理という倫理教育ができるようになります。ここに義という正しい経営が成り立つというのです。

易経にみる陰陽の智慧

◆陰の力が陽を育てていく

陰と陽がぴったり半分で分かれていたとしたら、これをシンメトリーといいますが、実はシンメトリーでは何も変化を起こすことができません。

陽よりも陰が少し勝っている時に変化を起こすことができるのです。陽よりも陰が勝るということは、陽が少し足りない状態なので、その足りないところを補うために生命力がでてきます。要するに陰の力を上手に使うことによって陽を引き出すことができます。

私たちは今まで陽が勝ち、陰が負けという単純な発想があったのかもしれませんが、実は陰と陽はそのように単純なものではありません。

陰と陽のどちらかが優れているというものではなく、陰と陽の二つがあって初めて成り立ちます。そして陰と陽は一つのものです。

真・善・美という価値の中に美しいという言葉があります。もし完璧にシンメトリーであったなら本当の美しさはでません。シンメトリーに近いけれどもその中に少し危うさ、ゆらぎがある時に、初めて動的な美が生まれます。完全にシンメトリーという状態は死を意味し、この世の中には存在しません。見えた瞬間にそれはシンメトリーではなくなります。

◆人生をよりよく生きる智慧

人生においても白黒をはっきりさせない方がいい場合があります。私たちはつい白黒をはっきりとつけたがり、勝ち負けにこだわってしまうのですが、かえって人生においては生きにくいと感じることが多いのです。なぜなら世の中に存在しているものは、そのほとんどが曖昧な状態にあるからです。

それを無理矢理に白黒、陰と陽に分けるとどうなるでしょうか。そのことの意味について『荘子』の応帝王篇にある「渾沌」という話を紹介しましょう。

◆渾沌

「南海の帝を儵といい、北海の帝を忽といい、中央の帝を渾沌といった。儵と忽はときどき渾沌の地で出あい、渾沌はいつも手厚く彼らをもてなした。渾沌には目も鼻も口もなかった。儵と忽はもてなしのお礼にと、渾沌に目鼻口耳の七つの穴をあけてあげようと、日に一つずつあけていたが、七日目に渾沌は死んでしまった」

南海の帝王儵と北海の帝王忽が中央の帝渾沌の地で落ち合います。渾沌は手厚くもてなしてくれました。渾沌には目・鼻・口・耳の七つの穴がありません。儵と忽は渾沌にお礼をしたいと、渾沌に目・鼻・口・耳をつけてあげようと、毎日一つずつ穿(うが)ちました。七日目に渾沌は死んでしまいました。

生きるということとは「混沌」です。すべてのものの黒白を明らかにしようとした時にエネルギーは失われます。まさに生きる力は混沌たるもので、それは陰と陽に分かれる前の太極という、宇宙の根本たる大エネルギーです。この混沌たる太極を失ったら私たちは死に絶えてしまうでしょう。私たちは曖昧な人生の中にあって、観る力を養い、見えないものを観ていくこと、これが智慧を生みます。

易経は、よりよく生きるために必ず智慧をもたらしてくれますので、できれば座右の書としておいてください。手に取って開けたところから読んでみてください。ほんの二、三行読むだけでも、それが毎日続いたら必ずや易経との感動の出合いがあると思います。

そして易経はすべて志から始まります。その志は勢いのない時であればあるほど志を打ち立てることができます。足りない時の方が、確乎不抜の志は打ち立てることができると書かれています。

最後に、繰り返しになりますが、私は何かあるたびに、「潜龍元年」と、自分に言い聞かせてきました。「潜龍元年」とは、易経の言葉ではなく、若い頃に私がつくった言葉です。年をとっても、どんな立場や地位にあっても、いつも最初の潜龍に立ち戻ろうという思いです。

皆さまも今日が「潜龍元年」であると思い、これからの日々をぜひ易経をお供にしていただければ幸いです。

あとがき

この本は平成二十五年七月から十二月に開催された、致知出版社主催『易経講座』での講演を収録したCD「易経講座」シリーズ1を編集したものです。

このところ毎年、致知出版社主催「やさしい古典活学講座　易経講座」は、五か月間に亘（わた）り開催され、既に延べ八回を数えています。

このことは、易経研究家としてとても有り難いことです。全国各地さまざまなところで易経講座やセミナーを開催していますが、教えることは一番の学びになります。そのうえ致知出版社主催の易経講座は、必ずテーマを設けます。そのテーマに沿って易経六十四卦の中から数種類の卦を選び解説していくのです。

たとえば平成二十七年開催の講座は、「窮すれば通ず～逆境をいかに生きるか」でした。その時は四難卦といわれる、易経の中でも非常に困難な時を表す四種類の卦を毎月一つずつ、どのような困難が起きている時で、なぜそのような事態が起きてしまったのか。どのような対処をすると問題が解決したり、逆にこじれたりするのか。またその解決策である時中は何か。どこに書かれているか。人間関係の構図などを織り交ぜて、分かりやすく、具体的に読み解いていくという講座内容でした。

ですから、前もっての準備に時間がかかり、とても勉強になるのです。いってみれば、致知出版社主催の易経講座の受講生さんの方々に育ててもらった面もあります。

さて、その易経講座を開催するきっかけの話をしたいと思います。

『致知』という雑誌の存在を知ったのは昭和五十七年頃、致知出版社の前身である竹井出版時代に書店で雑誌『致知』を見て立ち読み、その場で購入しました。その際、珍しい雑誌なので書店員に訊ねたら、毎月五冊だけ置いてあって予約もできるということでした。その数年後に当時の編集長で現社長の藤尾秀昭氏と名刺交換、毎年年賀状のやり取りだけが継続していました。

私の易経の最初の本は『リーダーの易経』（平成十八年、ＰＨＰエディターズ・グループ、既に絶版）で、藤尾社長にも献本させていただきました。すると丁寧な礼状と共に、東京出張の際にランチに招待され、その席で致知出版社主催の易経講座開催が決まりました。

その講座が平成十九年一月から六月に開催、その講演を収録編集して十一月に出版した本が『人生に生かす易経』です。平成二十年には『易経一日一言』を出版しました。なお、この『易経一日一言』を一年間通して読まれれば、易経に書かれているおおよその内容を把握出来ます。

しばらく経って、平成二十五年に易経講座を再開することになりました。初回の易経講座から六年も経っているので、参加される受講生さんも新しい方が多い。ついては基礎、はじめからやり直すのがよいだろうと決まりました。

その後は毎年開催され、翌年にはＣＤ化することに。その「わかりやすい易経」もＣＤシリーズ５まで出ています。本書は、平成二十五年七月から十二月に開催された、致知出版社主催「易経講座」での講演を収録したＣＤ「易経講座」シリーズ１を編集したものです。

なお、本書は平成十九年に刊行された『人生に生かす易経』の内容と繰り返しになる部分もありますが、龍の話は『易経』を理解していただくうえで、非常に重要な部分となり、読者の皆さまの理解をより深めていただく一助ともなればと考え、講義の内容に従って収録させていただきました。

担当編集者の小森俊司さんと、編集のお手伝いをしてくださった望月昇さんに、心から感謝申し上げます。

いつも励ましてくださる全国各地のセミナーや講座の受講生の皆さん、ＮＨＫ文化センター「易経」講座受講生の皆さん、応援や協力、アドバイスをしてくださった多くの方々に感謝いたします。

拙著に対して各方面からいただきましたご感想やご批評に、この場を借りてお礼を申し上げ、またふたたびご批評、ご叱咤を賜れば幸せです。

令和二年夏

竹村亞希子

◆主な参考資料

『易経』丸山松雪訳　徳間書店
『易』本田濟　朝日選書
『論語新釈』宇野哲人　講談社（講談社学術文庫）
『愛蔵版 仮名論語』伊與田覺　致知出版社
『風姿花伝・花鏡』世阿弥、小西甚一編訳　たちばな出版（タチバナ教養文庫）
『ドラッカー名著集2 現代の経営〔上〕』ピーター・F・ドラッカー／上田淳生訳（ダイヤモンド社）
『努力論』幸田露伴　岩波書店（岩波文庫）
『現代語訳　風姿花伝』水野聡訳　ＰＨＰ研究所
『「大学」を素読する』伊與田覺　致知出版社
『吉田松陰一日一言』川口雅昭編　致知出版社
『易経一日一言』竹村亞希子編　致知出版社
『荘子』金谷治訳注　岩波書店（岩波文庫）
『天狗芸術論・猫の妙術』佚斎樗山　石井邦夫訳注　講談社（講談社学術文庫）

六十四卦早見表

上卦＼下卦	乾（天）	兌（沢）	離（火）	震（雷）	巽（風）	坎（水）	艮（山）	坤（地）
乾（天）	乾為天	沢天夬	火天大有	雷天大壮	風天小畜	水天需	山天大畜	地天泰
兌（沢）	天沢履	兌為沢	火沢睽	雷沢帰妹	風沢中孚	水沢節	山沢損	地沢臨
離（火）	天火同人	沢火革	離為火	雷火豊	風火家人	水火既済	山火賁	地火明夷
震（雷）	天雷无妄	沢雷随	火雷噬嗑	震為雷	風雷益	水雷屯	山雷頤	地雷復
巽（風）	天風姤	沢風大過	火風鼎	雷風恒	巽為風	水風井	山風蠱	地風升
坎（水）	天水訟	沢水困	火水未済	雷水解	風水渙	坎為水	山水蒙	地水師
艮（山）	天山遯	沢山咸	火山旅	雷山小過	風山漸	水山蹇	艮為山	地山謙
坤（地）	天地否	沢地萃	火地晋	雷地予	風地観	水地比	山地剝	坤為地

〈著者紹介〉

竹村亞希子（たけむら・あきこ）
易経研究家。東洋文化振興会相談役。22歳より本格的に『易経』の研究を独学で始める。数ある東洋古典の中でも難解といわれる『易経』の教えを、分かりやすく説く講義が評判を呼び、定期的に開催される連続講義は、毎回満席でキャンセル待ちが出るほどの人気ぶり。大手企業や官庁などでも講義を行い、特に企業経営者からの支持が厚い。これまでに約40年、10万人以上に『易経』の教えを説き続けてきた。編著に『「易経」一日一言』『人生に生かす易経』（ともに致知出版社）、『超訳 易経』（新泉社）、共著に『こどものための易経』（致知出版社）、『易経　陽の巻』『易経　陰の巻』『易経　青龍の巻』（いずれも新泉社）ほか著書多数。

経営に生かす易経（えききょう）

令和二年七月十日第一刷発行

著者　竹村　亞希子
発行者　藤尾　秀昭
発行所　致知出版社
〒150-0001 東京都渋谷区神宮前四の二十四の九
TEL（〇三）三七九六―二一一一
印刷・製本　中央精版印刷

ISBN978-4-8009-1237-6 C0034
ホームページ　https://www.chichi.co.jp
Eメール　books@chichi.co.jp